JN112774

解説動画 QRコード付き

教室熱中！めっちゃ楽しい

算数難問
1問選択システム
5巻
上級レベル1＝小5相当編

木村重夫

岩田史朗＋TOSS金沢

編

まえがき

1　子ども熱中の難問を満載！

　本シリーズは、子どもが熱中する難問を満載した「誰でもできる難問の授業システム事典」です。みなさんは子どもが熱中する難問の授業をされたことがありますか？　算数教科書だけで子ども熱中の授業をつくることは高度な腕を必要とします。しかし、選び抜かれた難問を与えて、システムとして授業すれば、誰でも子ども熱中を体感できます。

> これが「子どもが熱中する」ということなんだ！

　初めて体験する盛り上がりです。時間が来たので終わろうとしても「先生まだやりたい！」という子たち。正答を教えようとしたら「教えないで！　自分で解きたい！」と叫ぶ子たち。今まで経験したことがなかった「手応え」を感じることでしょう。

2　これまでになかった最強の難問集

　本シリーズは、かつて明治図書から発刊された「難問シリーズ」「新・難問シリーズ」から教室で効果抜群だった難問を選び抜いて再編集しました。

　新しい難問も加えました。すべて子どもの事実を通しました。本シリーズは「最強の難問集」と言えるでしょう。

　さらに、新学習指導要領に対応させた、本シリーズの目玉がこれです。

> 新学習指導要領に対応！「デジタル時代の新難問」
> 　⑴　論理的思考を鍛える問題10問
> 　⑵　プログラミング的思考問題10問
> 　⑶　データの活用力問題10問
> 　⑷　読解力を鍛える問題10問

　プログラミング学習やデータ読解力など、新学習指導要領に対応した難問を開発しました。最新の課題に対応させた難問です。子どもたちの新しい力を引き出してください。さらにスペシャルな付録をつけました。

> 教科書よりちょっぴり難しい「ちょいムズ問題」

　すでに学習した内容から、教科書と同じかまたはちょっぴり難しいレベルの問題をズラーッと集めました。教科書の総復習としても使えます。20問の中から５問コース・10問コース・全問コースなどと自分のペースで好きな問題を選んで解きます。１問１問は比較的簡単ですが、それがたくさん並んでいるから集中します。

3　デジタル時代に対応！　よくわかる動画で解説

　本シリーズ編集でとくに力を注いだのが「解説動画」です。

　ぜひ動画をご覧になってください。各ページに印刷されているQRコードからYouTubeの動画にすぐにアクセスできます。問題を解くポイントを音声で解説しながら、わかりやすい動画で解説します。授業される先生にとって「教え方の参考」になるでしょう。教室で動画を映せば子

どもたち向けのよくわかる解説になります。また、新型コロナ等による在宅学習でもきっと役立つことでしょう。なお、動画はすべての問題ではなく、5問中とくに難しい問題につけました。

動画のマスコット「ライオンくん」▶
（イラスト作成・山戸　麦さん）

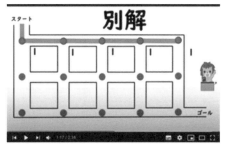

4　難問がつくる教室のドラマ

難問の授業で起きた教室のドラマです。

> ふだん勉強が得意な子が間違えて、苦手な子が解けた。

「3を7で割ったとき、小数第100位はいくつか」という難問があります。勉強が得意な子がひらめきで解いたのですがウッカリミスがあってバツが続きました。勉強が苦手な子が家に帰って大きな紙に小数第100位まで筆算を書きました。その子は正解でした。時間はかかりましたが地道に取り組んだ子が正解しました。勉強が得意な子が間違え、苦手な子が正解したのです。これを「逆転現象」と言います。子どもたちは驚きました。子どもの中にある「できる子」「できない子」という固定観念はこうした事実で崩れていきます。

本シリーズを活用して、「熱中する授業」をつくってください。たくさんのドラマに出会ってください。腹の底までズシンと響く確かな「手応え」を感じていただけたら、と思います。

木村重夫

シリーズの活用方法

1 授業したいページを選ぶ

このシリーズの基本的な活用方法（ユースウェア）を紹介します。

まず、子どもに授業したい見開き2ページを選びます。初めて難問に出会う子どもたちの実態を考えて、1〜2学年下のレベルの難問を与えることもよいでしょう。5問を1枚に印刷します。人数分プラス余分に印刷しておくと「家でやりたい！」という子たちに与えることができます。

2 子どもに説明する

初めて子どもに説明するときの教師の言葉です。

①とっても難しい問題です。「難問」と言います。難問5問のうち、どの問題でもいいですから1問だけ選んで解きましょう。

②1問解けたら100点です。（子ども）たった1問？

③2問目をどうしても解きたい人は解いてもかまいませんが、もしも正解しても、
  【板書】100点＋100点＝100点です。（子ども）ええ!?

④もしも2問目を間違えたときは、
  【板書】100点＋0点＝0点です。（子ども）えええええ!?

⑤先生が5問読みます。1問選んでください。（教師が読んでやらないと全体を見ないで1問目に飛びつく子がいます。）

⑥どの問題に挑戦したいですか。ちょっと聞いてみよう。1番、2番、3番、4番、5番。（クラスの傾向をつかみます。）どの問題でも100点に変わりありません。解けなかったら別の問題に変えてもかまいません。

⑦できたら持っていらっしゃい。用意、始め！

3 教えないで×をつける

解いた子が持って来ます。教師は〇か×だけつけます。「×」に抵抗がありそうな子には「✔」でもかまいません。このときのポイントはこれです。

解き方や答えを教えない。

「おしいなあ。（×）」「いい線いっているけど…×」「なるほど！こうやったのか。でも×だな。」「がんばったねえ。（×）」「これは高級な間違いだな。」
など、にこやかに一声かけつつも×をつけます。解き方や答えは教えません。

×をつけられた子は「ええー？」と言いながら席にもどり、再び挑戦します。

何度も何度も挑戦させます。教師が解説してしまったら、子どもが自力で解いて「やったあ！」と喜ぶ瞬間を奪うことになります。

4 挑発するといっそう盛り上がる

難問の授業を盛り上げる手立てがあります。「挑発する」ことです。

「みんなできないようだから、答えを教えましょうか。」

「もう降参ですね？」笑顔で挑発します

「待ってー！」「答えを言わないで。」「自分で解きます！」「絶対降参なんかしない！」子どもたちは絶叫します。教室がますます盛り上がります。

⑤ 答え合わせは工夫して。解説動画が役立ちます

　答えをすぐに教えないことが基本です。家で解いてきた子がいたらたくさんほめましょう。解き方や答えを確認する方法はいくつかあります。子どもの実態や時間を考慮して先生が工夫してください。

- A　解けた子に黒板に書かせ、説明させる。
- B　解いた子の解答用紙を教室に掲示する。
- C　教師が板書して簡単に解説する。
- D　本書の解説・解答ページをコピーして掲示する。
- E　本書の「解説動画」を見せる。（実にわかりやすい動画です。解説ページにあるQRコードからアクセスしてください。）

⑥ デジタル難問、ちょいムズ問題で新しい挑戦を！

　「デジタル難問」は、先生が選んだ問題を必要に応じて与えてください。例えばプログラミング学習をした後に発展として取り上げることも効果的です。

　「ちょいムズ問題」を自習に出すとシーンとなります。学期末や学年末のまとめとしても使えます。5問コース、10問コース、全問コースを決め、問題を自分で選ばせます。個人差に応じた問題数で挑戦できます。「できる」「できる」の連続で達成感を持てるでしょう。

⑦ 「算数難問、大人気」「奇跡のようでした」

　西日本の小学校特別支援学級の先生から届いた難問授業レポートです。

　最初は「わからない」とシーンとした時間が続いた。しかし、最初に男子が1問正解した。「A君、合格しました！」「おお、すごいねー！」わーっと拍手が起きた。

　またしばらくすると、今度はB子が合格した。B子にも友達から温かい拍手が送られた。彼女のプリントを見ると、あちこちに筆算が残されていた。

　1つ1つ地道に計算しながら答えにたどり着いたことがわかった。

　この辺りから一気に火がついた。休み時間になっても「まだやりたいです！」とやめようとしない子が続出した。

　なんとC男もやり始めた。最初は「どうせわからん」と言っていたが、のめり込んでいった。もちろん一人では解けないので私の所にやって来た。

　以前は間違えること、失敗することが嫌で何もやろうとしなかったことを考えれば、難問に挑戦し、何度も何度も×をもらっているのは奇跡のようだった。

　「こんな難しい問題に挑戦しているのがえらいよ。」

　「失敗してもへっちゃらになってきたな。前よりも心が強くなったな。」

　「×がついてもちゃんと正答に近づいていくでしょ？」

　問題を解いたことではなく、挑戦したことに価値があるのだ。

　難問によって「あきらめない子」「何度も挑戦する子」が生まれ、配慮を要する子が「失敗を受け入れ」「奇跡のようだ」という嬉しい報告です。

　あなたのクラスの子どもたちにも「難問に挑戦する楽しさ」をぜひ味わわせてください。

2020年10月

木村重夫

5年 難問の授業モデル／活用のヒント

　本誌に収録されている難問は、どの問題も、選りすぐりの問題ばかりです。活用方法に書かれた説明をし、取り組ませるだけで、子ども達は難問に熱中するはずです。でも、せっかくですから、本誌をより効果的に活用したいです。
　そこで、本誌を効果的に活用するための、3つのステップを紹介します。

ステップ1　難問に興味を持たせる

　まずは、子ども達に難問への興味を持たせることが、大切です。そのためには、「難問って面白い」と子ども達に思わせることが、最も効果的です。
　「難問って面白い」と子ども達に思わせるためにオススメの方法は、これです。

> 　向山実践「正方形は何個あるでしょうか」に取り組ませること

　この難問は、向山洋一先生が、授業で残った隙間時間を使って子ども達に取り組ませたものです(原実践は、『向山洋一の最新授業CD【復刻版】4年算数「小数」第①巻』に収録されています)。
　この難問に熱中しなかった子を、自分はまだ知りません。どの子にも「難問って面白い」と思わせることができる難問です。
　教室では、以下のように取り組ませます。
　まず、黒板に以下の図を描きます。

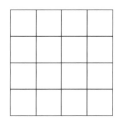

　次に、子ども達に、ノートに写すよう指示します。
　そして、こう問いかけます。

> 　この中に正方形は何個あるでしょうか。

　ノートに答えを書かせて、教師のところへ持ってこさせます。正解は、30個です。
　この問題に正解した子には、答えを言わないように言った後、こう問いかけます。

> 　この中に四角形は何個あるでしょうか。

　こちらも、ノートに答えを書かせて、教師のところへ持ってこさせます。正解は、100個です。
　この難問に取り組ませる際は、向山先生がされたように、授業が早く終わり、残った時間を活用することをオススメします。残った時間を活用すると、時間内に解くことができない子が必ず出てきます。子ども達は、自然と「もっとやりたい」という気持ちになります。この「もっとやりたい」という気持ちを持たせることが、ポイントです。この気持ちが、ステップ2への伏線となります。

ステップ2　難問のシステムを説明する

　いよいよ本番です。ここでは、時間を1時間しっかりととり、本誌から印刷した難問プリントに取り組ませます。

　難問プリントを渡す際に、以下のように話します。

　この前、みんなが挑戦した難問を、プリントにしたものを持ってきました。

　子ども達は、「もっとやりたい」という気持ちになっているので、「やったー！」等の歓声があがるはずです。

　ここでは、まだ難問プリントを配付しません。配付する前、難問プリントのシステムを説明します。難問プリントを配付してしまうと、システムの説明を聞く前に、すぐに取り組んでしまう子がいるからです。

　まず、活用方法に書かれた「②子どもに説明する」の①から④まで説明します。次に、難問プリントを配付します。子ども達は、早くやりたくて仕方がない状態になっているはずです。その状態の中、⑤から⑦を説明します。

　このようにすると、子ども達は、我先にと難問に取り組むはずです。

ステップ3　隙間時間を使って難問に取り組ませる

　授業時数は、限られています。ですから、難問に取り組ませる際に、毎回1時間を使うことはできません。そこで、システムを理解させた後は、隙間時間を使って取り組ませることになります。

　例えば、以下の隙間時間を使って取り組ませます。

　1　算数の授業等が早く終わった時間に取り組ませる。
　2　テストを解き終えた子に残った時間で取り組ませる。

　また、難問を発展問題として活用することもできます。

　発展問題として活用する際は、まず、単元に関連した難問を本誌から見つけます。次に、授業の中や家庭学習で、その問題だけを示し、挑戦させます。

　難問のシステムからは外れますが、このような使い方を知っていると、本誌の活用の幅が広がります。

　難問は、子ども達の粘り強く取り組む姿勢を育てます。粘り強く取り組む姿勢は、新学習指導要領が育成を目指す資質・能力の1つである、学びに向かう力、人間性等に関連するものです。ぜひ、本誌を効果的に活用し、新学習指導要領が求める資質・能力を育ててほしいと思います。

岩田史朗

目　次

※印の問題＝解説動画付き

I 教室熱中！上級レベル難問集1
小5相当編 （問題／解答と解説）

II デジタル時代の新難問
小5相当編 （問題／解答と解説）

ちょいムズ問題
小5相当編
（問題／解答と解説）

● 出題＝木村重夫

小学5年「ちょいムズ問題」①

全10問 選択学習　○2問コース ○5問コース ○全問コース

小学5年「ちょいムズ問題」②

全10問 選択学習　○2問コース ○5問コース ○全問コース

小学5年「ちょいムズ問題」③

全20問 選択学習　○5問コース ○10問コース ○全問コース

小学5年「ちょいムズ問題」④

全20問 選択学習　○5問コース ○10問コース ○全問コース

★問題が5問あります。1問だけ選んで解きましょう。

1 太郎・次郎・三郎の3人が競走をしました。そして，3人は，次のように言いました。

太郎「ぼくは1着ではなかった」
次郎「ぼくは1着だった」
三郎「ぼくは2着だった」

この3人のうち，2人は正しいことを言い，1人はうそを言っています。うそを言っているのはだれですか。また，正しい順位はどうなりますか。

答え　うそを言っているのは (　　　　　　　　)

正しい順位 (　　　　　　　→　　　　　　→　　　　　　)

2 正三角形を3つつなげて下の台形を作りました。この台形を同じ形，同じ面積の台形4つに分けます。どのように分けたらよいでしょうか。直線をかきこみなさい。

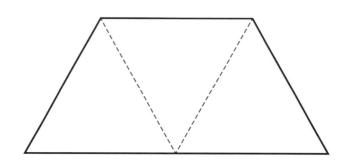

3　1から100までの数のうち，2の倍数でも，3の倍数でも，5の倍数でもない数は何個ありますか。

答え（　　　　）個

4　サルとクモとカブトムシが全部で5ひきいます。サルの足は2本，クモの足は8本，カブトムシの足は6本です。これらの足を合わせると26本になりました。それぞれ何びきいるのでしょう。

答え　サル（　　　）ひき　クモ（　　　）ひき　カブトムシ（　　　）ひき

5　母は42才，むすめは12才です。母の年がむすめの3倍になるのは，何年後ですか。

答え（　　　　）年後

1 答え　うそを言っているのは　三郎

　　　正しい順位　次郎→太郎→三郎

◀解説動画

　太郎が嘘を言っているとすると，次郎の言っていることと整合しなくなる。

　次郎が嘘を言っているとすると，1着がいないことになる。

　よって，三郎が嘘を言っているとする場合のみ，他の2人の言っていることと整合する。

2 答え　以下の通り

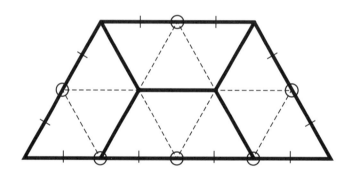

選＝岩田史朗（編集チーム）

3　答え　26個

まず，2の倍数を100から引くと，50個が残る。
ここから，3と5の倍数を消していく。
残った数は，以下の26個となる。

1, 7, 11, 13, 17, 19, 23, 29, 31, 37, 41, 43, 47, 49, 53, 59, 61, 67, 71, 73, 77, 79, 83, 89, 91, 97

4　答え　サル2ひき　クモ2ひき　カブトムシ1ぴき

足の数は，サルが2本，クモが8本，カブトムシは6本である。
最低1匹ずついるので，
2＋8＋6＝16（本）となる。
足の合計が26本なので，残りは，
26－16＝10（本）となる。
10本の足を，2匹（5－3）で分けるので，サルの2本とクモの8本となる。
よって，サル2匹，クモ2匹，カブトムシ1匹となる。

5　答え　3年後

1年後は，娘の年齢は（12＋1）×3＝39　母の年齢は42＋1＝43
2年後は，娘の年齢は（12＋2）×3＝42　母の年齢は42＋2＝44
3年後は，娘の年齢は（12＋3）×3＝45　母の年齢は42＋3＝45
よって，母の年齢が娘の年齢の3倍になるのは，3年後となる。

【引用文献】
伴　一孝 1 4 5 『教室熱中！難問1問選択システム5年』P.14～15（明治図書）
雨宮　久 2 『新難問・良問＝5題1問選択システム5年』P.87（明治図書）
浅野　光 3 『新難問・良問＝5題1問選択システム5年』P.15（明治図書）

★問題が5問あります。1問だけ選んで解きましょう。

1　整数を書いたカードがたくさんあります。奇数のカードをひけ
ば，得点はそのカードの2倍，偶数ならば$\frac{1}{2}$になります。
　　ひろし君は，0，9，22，43，68のカードをひきました。合計
得点は，何点ですか。

答え（　　　　　　）点

2　ある数を12.3でわるのを，まちがえてわる数の十の位と一の位
の数字を入れかえてしまったので，商が5.4，あまりが0.78にな
りました。正しい商とあまりを求めましょう。商は$\frac{1}{10}$の位まで求
めるものとします。

答え　商（　　　　　　）あまり（　　　　　　）

名前 （　　　　　　　　　　　　　　　　　　　　　　）

3　Dから2本の直線を目もりのどこかに引いて，長方形ABCDを面積の等しい3つの図形に分けましょう。

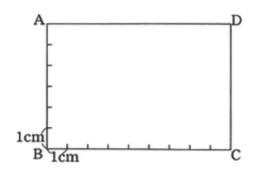

4　6の約数は，1，2，3，6の4つあります。このうち6以外の約数をたすと，1＋2＋3＝6となります。

　このように，その数自身以外の約数を全部たすとその数自身になる数を完全数といいます。

　30以下の偶数の中にもう1つ完全数があります。その数は何ですか。

答え（　　　　　　　　）

5　はば1cm，長さ18cmの紙がたくさんあります。この紙をつないでテープを作ります。つなぐのりしろを2cmにして，32まいつなぐと，テープの長さは何cmになりますか。

答え（　　　　　　　　）cm

1　答え　149点

0，9，22，43，68のカードのうち

奇数は，9，43

偶数は，0，22，68となる。

したがって，式は以下となる。

0÷2＋9×2＋22÷2＋43×2＋68÷2

＝0＋18＋11＋86＋34

＝149

2　答え　商9.4あまり0.18

12.3の十の位と一の位を入れかえると，21.3になる。

ある数を□として立式すると，以下となる。

□÷21.3＝5.4あまり0.78

□＝21.3×5.4＋0.78

□＝115.02＋0.78

□＝115.8

　ある数は，115.8となり，115.8を12.3で割ると，9.4あまり0.18となる。

選＝岩田史朗（編集チーム）

3 答え　下図の通り

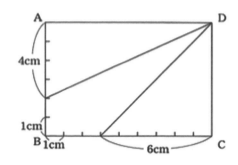

3つの図形に等しく分けたときの，1つの図形の面積は以下となる。

6×9÷3=18

辺ADを底辺とすると，面積が18㎠になるのは，9×4÷2のとき。

辺CDを底辺とすると，面積が18㎠になるのは，6×6÷2のとき。

よって，図のようになる。

4 答え　28

28の約数は，1，2，4，7，14，28となる。

28以外の数を足すと，1+2+4+7+14=28となる。

5 答え　514㎝

◀解説動画

のりしろなしに32枚並べた長さから，のりしろで短くなった分を引いて求める。

まず，のりしろがないとして考えると，長さは以下となる。

18×32=576

のりしろで短くなった長さは，以下となる。

2×(32-1)=62

576-62=514

答えは，514㎝となる。

【引用文献】
小林幸雄①②③⑤『教室熱中！難問1問選択システム5年』P.18〜19（明治図書）
松下恵治④『新難問・良問＝5題1問選択システム5年』P.31（明治図書）

★問題が5問あります。１問だけ選んで解きましょう。

1　正六角形ABCDEFの面積は，102㎠です。かげの部分の面積は
何㎠ですか。

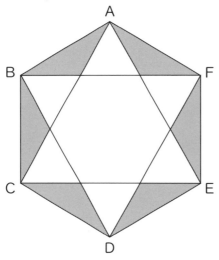

答え（　　　　　　）㎠

2　下のように，１から9までの数字がならんでいます。（例）のよう
に，＋か－を数字の間に入れて，答えが100になるような式を1
つつくりましょう。

１　２　３　４　５　６　７　８　9

（例）
１＋23－4＋5＋6＋78－9＝100

名前（　　　　　　　　　　　　）

3　同じ大きさのおはじきを正方形にすき間なくうめました。その正方形の周りのおはじきは48個です。おはじきは全部で何個ありますか。

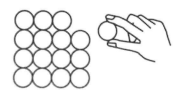

答え（　　　　　　）個

4　16本のマッチぼうで，正方形が5つできあがっています。マッチぼうを2本動かして同じ大きさの正方形を4個にします。マッチぼうをどのように動かしたらよいでしょうか。

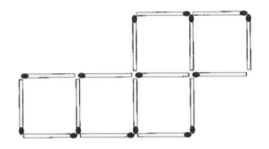

5　ある学校の児童の37.5%がじゅくに通っていて，そのうち，英語を習っている子は75%です。54人が英語を習っているとすると，この学校の児童は何人ですか。

答え（　　　　　　）人

◀解説動画

1 答え　34㎠

　　正六角形は，下図のように面積を18等分にすることがで
きる。影の部分1つの面積と白い正三角形1つの面積は，底
辺と高さの長さが等しいので，同じとなる。

　　よって，影の部分の面積は，正六角形の面積の $\frac{6}{18}=\frac{1}{3}$ になる。

　　102÷3×1=34となり，答えは34㎠となる。

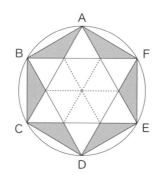

2 答え　以下の通り

$$123-45-67+89=100$$
$$123+4-5+67-89=100$$
$$123+45-67+8-9=100$$
$$123-4-5-6-7+8-9=100$$
$$12-3-4+5-6+7+89=100$$
$$12+3+4+5-6-7+89=100$$
$$12+3-4+5+67+8+9=100$$
$$1+2+34-5+67-8+9=100$$
$$1+23-4+56+7+8+9=100$$
$$1+2+3-4+5+6+78+9=100$$

選＝岩田史朗（編集チーム）

3 答え　169個

　正方形の1辺のおはじきの数＝周りのおはじき÷4＋1となる。

　この問題では，周りのおはじきは48個なので，1辺のおはじきの数は，
48÷4＋1で13個となる。この13個が13列並んでいることになる。

　13×13＝169となり，答えは169個となる。

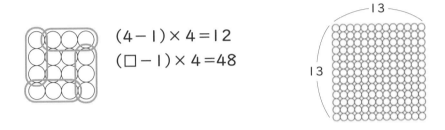

$(4-1)\times4=12$
$(\Box-1)\times4=48$

4 答え　以下の通り

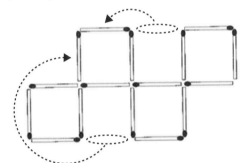

5 答え　192人

　ある学校の人数を□とすると，以下の式で求められる。

□×0.375×0.75＝54

□×0.28125＝54

□＝54÷0.28125

　＝192

計算すると，□は192となる。

【引用文献】
大澤　智1235『教室熱中！難問1問選択システム5年』P.22〜23（明治図書）
野崎史雄4『新難問・良問＝5題1問選択システム5年』P.38（明治図書）

難問
No.4

★問題が5問あります。1問だけ選んで解きましょう。

1 　下のわり算の問題で、十の位と百の位の数字がぬけています。
　　商が2けたで、48でわりきれ、90より大きくするためには、□
の中にどんな数字を入れるとよいですか。
　　□にあてはまる数字の組を全部あげましょう。

$$48\,\overline{)\,4\square\square8}$$

答え（　　　　　　　　　　　）

2 　下の長方形ABCDで、▨ と ▨ の部分の面積が等しいとき、辺
BCの長さを求めなさい。

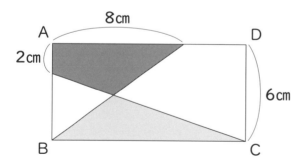

答え（　　　　　）cm

名前 （　　　　　　　　　　　　　）

3 　A君とB君が100m競走をしました。A君は100mを15.5秒で走り，B君に7mの差をつけて勝ちました。このとき，B君の走った速さは秒速何mでしょうか。

答え　秒速（　　　　　　）m

4 　□に＋，－，×，÷の記号を入れて，次の式が成り立つようにしましょう。同じ記号を何回使ってもかまいません。

3□3□3□3＝5

5 　下の図の中に四角形は何個ありますか。

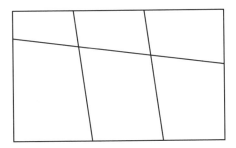

答え（　　　　　　）個

1　答え　3と6，6と0

問題の商の条件は以下の3点になる。
　①商は2けた
　②商は90より大きい
　③商は割り切れる
8の段の九九で一の位が8になるのは，8×1＝8，8×6＝48の2通り。
したがって商の一の位は1または6になる。
一の位が1のとき⇒48×91＝4368
一の位が6のとき⇒48×96＝4608

2　答え　12cm

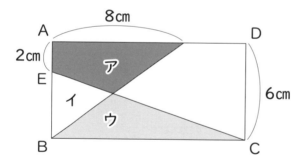

アとウの面積は等しいので，ア，ウにそれぞれイの部分をたすと
ア＋イ＝ウ＋イ　が成り立つ。
ア＋イ＝6×8÷2＝24
三角形BCEの面積は24cm²になるのでBCの長さを底辺□cmとすると
□×4÷2＝24
　　　　□＝24÷4×2
　　　　□＝12　になる。

3　答え　秒速6m

15.5秒でB君が走った道のりは，$100 - 7 = 93$(m)

速さ＝道のり÷時間　で求められるから，

$93 \div 15.5 = 6$

4　答え　$3 + 3 - 3 \div 3 = 5$

上は解答例。この答え以外にも正解がある。正しく計算して等式が成り立っていれば正解となる。

5　答え　18個

四角形を上段・下段に分けて考える。

◀解説動画

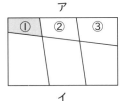
ア

まず，上段に注目すると，1マスの大きさの四角形が3つある。（図ア）

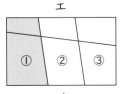
エ

まず，たて2マスの大きさの四角形が3つある。（図エ）

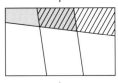
イ

次に，2マスの大きさの四角形が2つある。（図イ）

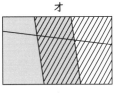
オ

次に，4マスの大きさの四角形が2つある。（図オ）

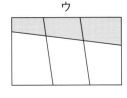
ウ

最後に，3マスの大きさの四角形が1つある。（図ウ）

下段も同じように考えられるので上下段の四角形の数は，

$(3 + 2 + 1) \times 2 = 12$

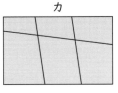
カ

最後に，6マスの大きさの四角形が1つある。（図カ）

したがって
$3 + 2 + 1 = 6$

全部の四角形の数は，$12 + 6 = 18$(個)

【引用文献】
村田　斎 [1][2][4][5]『教室熱中！難問1問選択システム5年』P.26〜27（明治図書）
板倉弘幸 [3]『小学校の「ちょいムズ算数」を良問60で完全攻略』P.65（PHP研究所）

★問題が5問あります。1問だけ選んで解きましょう。

1 太郎くんが840個の品物を運ぶのに，1個につき5円のおこづかいをもらうことになりました。ただし，運ぶとちゅうでこわすとその分おこづかいをもらえない上に，1個12円はらわなければなりません。

太郎くんは運ぶとちゅう何個かこわしたので，おこづかいを3945円もらいました。太郎くんは品物を何個こわしましたか。

答え（　　　　　　　）個

2 10を2つ以上の数に分け，分けられた数の積を考えます。
例えば，下のようになります。

10＝1＋9　　　　→　1×9＝9
10＝1＋1＋8　　　→　1×1×8＝8
10＝1＋1＋1＋7　→　1×1×1×7＝7
　　　⋮　　　　　　　　　⋮
10＝2＋8　　　　→　2×8＝16
10＝2＋2＋6　　　→　2×2×6＝24
10＝2＋2＋2＋4　→　2×2×2×4＝32
　　　⋮　　　　　　　　　⋮

さて，このとき，10を2つ以上の数に分け，答えが一番大きな数になるときの数を求めなさい。

答え（　　　　　　　）

名前（　　　　　　　　　　　　　）

3 大きさのちがう２つのさいころを同時に投げます。そのときに出た目をかけたときの数が偶数（ぐうすう）になるのは何通りですか。

答え（　　　　　　　）通り

4 オセロの白と黒を次のようにならべたとき，黒が57個になるのは，何番目でしょうか。

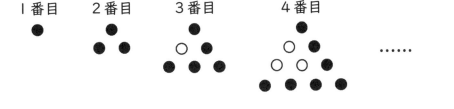

１番目　　２番目　　３番目　　　４番目

答え（　　　　　　　）番目

5 下の図のように，ADが10cm，BCが20cmである台形ABCDの面積が，三角形ABEの面積と等しくなっています。三角形AFDの面積が30cm²のとき台形ABCDの面積を求めなさい。

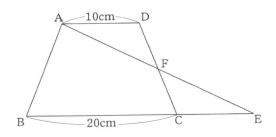

答え（　　　　　　　）cm²

1 答え　15個

　もし，1個もこわすことなく品物を運べたら，太郎くんは
5×840＝4200円もらえる。だが，実際にもらえたのは3945円だった。つまり太郎くんは，4200−3945＝255円損したことになる。
　品物を1個こわすと5＋12＝17円損をする。○個こわしたとすると，太郎くんは17×○円損したことになる。
　よって，17×○＝255円で，○＝15個となる。

2 答え　36

　この場合，分けるときに1が入ると，かけた数が大きくならないことに気がつけばよい。
　例えば，5の場合。
5＝1＋4　　　　　　　→　1×4＝4
5＝1＋1＋3　　　　　→　1×1×3＝3
1が入ると答えが小さくなる。
5＝2＋3　　　　　　　→　2×3＝6
これ以外は，1が入ってしまうので，6が一番大きくなる。
6の場合を考える。
6＝2＋2＋2　　　　　→　2×2×2＝8
6＝3＋3　　　　　　　→　3×3＝9
3を使って分けた方が答えが大きくなることがわかる。
10＝3＋3＋2＋2　　→　3×3×2×2＝36

3 答え　27通り

　　出た目の数が，奇数になる場合の逆を考える。かけて奇数になる場合は，どちらのさいころの目も1，3，5のどれかである。
　　だから全部で　3×3＝9（通り）
　　さいころの目の出る数は全部で　6×6＝36（通り）
　　したがって，答えは，36−9＝27（通り）となる。

4 答え　29番目

　　右の表のように，●の数を並べると，1，3，5，7，……となり，奇数が並ぶことがわかる。

番目	1	2	3	4	5	……	□
●の数	1	3	5	7	9	……	57

　　これより，□番目の●の数は，
□×2−1で求められることがわかる。
　　□×2−1＝57　よって（57＋1）÷2＝29（番目）となる。

5 答え　180cm²

　　台形ABCDと三角形ABEの面積が等しいので，共通の部分を引くと三角形AFDと三角形EFCの面積も等しくなる。
　　しかも，ADとCEは平行であるため，2つの三角形の対応する3つの角が等しくなり，ぴったりと重なる三角形になる。
　　こうして，CEは10cmとなり，DFとFCも等しくなる。
　　三角形AFDの底辺をADとすると，面積が30cm²であることから
高さ＝30÷10×2＝6（cm）となる。
　　底辺をBEにとった三角形ABEの高さはその2倍なので
三角形ABEの面積は（20＋10）×12÷2＝180cm²となる。
　　よって，台形ABCDの面積も180cm²となる。

【引用文献】
大澤　智１『教室熱中！難問1問選択システム5年』P.23（明治図書）
松岡宏之２３５『教室熱中！難問1問選択システム5年』P.30（明治図書）
石川裕美／遠藤真理子４『小学校の「算数」を5時間で攻略する本』P.73（PHP研究所）

難問 No.6

★問題が5問あります。１問だけ選んで解きましょう。

1　下の数は，あるきまりにしたがってならんでいます。
□に入る数は何でしょう。

$$2, \quad 2\frac{1}{2}, \quad 3\frac{1}{3}, \quad 5, \quad \square$$

答え（　　　　　）

2　テープを次のように折ったとき，角Xは何度になりますか。

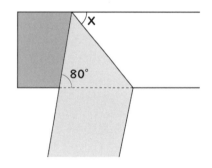

答え　X=（　　　　　）度

3　下の図にあと2本直線をたして，合計10個の三角形をつくりましょう。三角形は一部が重なってもかまいません。

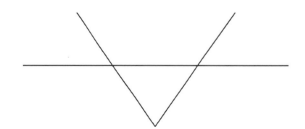

名前（　　　　　　　　　　　　　）

4　以下のように，ある規則^{きそく}にしたがって，数字がならんでいます。

1, 1, 1, 1, 2, 2, 2, 2, 3, 3, 3, 3, 4, 4, 4, 4, 5…

はじめから順にかぞえて，40番目までの数の合計はいくらですか。

答え（　　　　　）

5　1辺が4cmの正方形を次の図のようにならべます。
正方形を100枚ならべたときの面積は，何cm²になりますか。

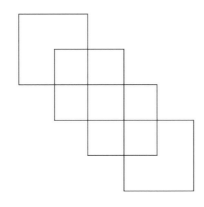

答え（　　　　　）cm²

1　答え　10

分子が10の仮分数に直す。

$$\frac{10}{5} \quad \frac{10}{4} \quad \frac{10}{3} \quad \frac{10}{2}$$

□に入る数は，$\frac{10}{1}$で10になる。

2　答え　X＝50度

　折ったテープをもとに戻すと三角形ABCと三角形DBCは重なるので，下の図のように等しい角（X，Y）ができる。

　また，四角形ABDCは平行四辺形なので角Bと角Cは等しくなり，角Xと角Yも等しいことがわかる。

　三角形の角の大きさの和は180度だから，

$$80＋X＋Y＝180$$
$$80＋X＋X＝180$$
$$X＋X＝100$$
$$X＝50$$

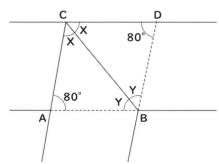

3　答え　図の通り

　右図のように線を引くと，周りの三角形が5個，重なりの三角形が5個できることがわかる。

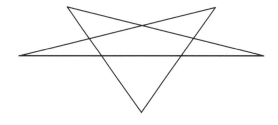

4　答え　220

　1つの数字が4つずつ並んでいる。そのため，40番目の数字は40÷4＝10となる。

　したがって，計算式は以下のようになる。

1＋1＋1＋1＋2＋2＋2＋2＋…＋10＋10＋10＋10

　これは，以下のように表すことができる。

(1＋2＋3＋4＋5＋6＋7＋8＋9＋10)×4

　よって，答えは220。

5　答え　1204㎠

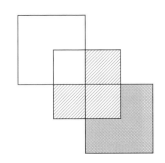

◀解説動画

　上図のように考えると，正方形が1枚増えるごとに，面積は12㎠ずつ増えていくことがわかる。

　4×4＝16

　16÷4×3＝12

　したがって，正方形を100枚並べたときの面積は，

　16＋12×99＝1204（㎠）となる。

【引用文献】
立石佳史1『授業で使える新難問・良問＝5題1問選択システム5年』P.35（明治図書）
木野村　寧25『教室熱中！難問1問選択システム5年』P.34〜35（明治図書）
野﨑　隆3『授業で使える新難問・良問＝5題1問選択システム5年』P.43（明治図書）
星島成壱4『教室熱中！難問1問選択システム5年』P.75（明治図書）

★問題が5問あります。1問だけ選んで解きましょう。

1　3分計と5分計の2つのすな時計があります。この2つのすな時計で、計算することができる時間は、下の時間のどれですか。

1分，　2分，　3分，　4分，　5分，　6分，　7分，　8分，　9分，　10分

答え（　　　　　　　　　　　　　　　）

2　1辺が10cmの正方形を下の図のように折り，黒色の部分を切り取ります。広げたとき，どのような図形になりますか。
また，残っている図形の面積は何cm²ですか。

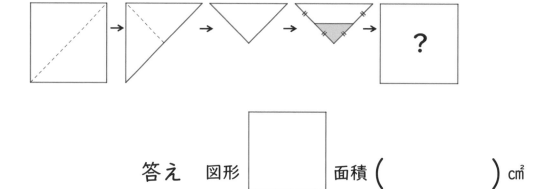

答え　図形　　　　　　面積（　　　　　　　）cm²

3　1から50までの整数をすべて合わせると，合計いくつになりますか。

答え（　　　　　）

4 □の中に数字を入れましょう。

$$\square×9+1=1$$
$$\square×9+2=11$$
$$\square\square×9+3=111$$
$$\square\square\square×9+4=1111$$
$$\square\square\square\square×9+5=11111$$
$$\square\square\square\square\square×9+6=111111$$
$$\square\square\square\square\square\square×9+7=1111111$$
$$\square\square\square\square\square\square\square×9+8=11111111$$
$$\square\square\square\square\square\square\square\square×9+9=111111111$$
$$\square\square\square\square\square\square\square\square\square×9+10=1111111111$$

5 地球の半径は，6378137mです。赤道の上につなをはって，地球を1周します。このつなの長さをAmとします。赤道の上，高さ2mのところにつなをはって，地球を1周します。この長さをBmとします。BはAより，何m長いでしょう。

答え (　　　　　　　　) m

1 答え　すべて

3分，6分，9分は，3分の砂時計を使って，5分，10分は，5分の砂時計を使って求められる。

それ以外は，2つの砂時計を同時に回し，止まってからもう一度回すと，その時間差ですべて求められる。

1分…2つの砂時計を同時に回し，5分の砂時計が止まってから，3分の砂時計が2回分止まるまでの時間（3＋3−5＝1）。

2分…2つの砂時計を同時に回し，3分の砂時計が止まってから，5分の砂時計が止まるまでの時間（5−3＝2）。

4分…2つの砂時計を同時に回し，5分の砂時計が止まってから，3分の砂時計が3回分止まるまでの時間（3＋3＋3−5＝4）。

7分…2つの砂時計を同時に回し，3分の砂時計が止まってから，5分の砂時計が2回分止まるまでの時間（5＋5−3＝7）。

8分…5分の砂時計を回し，止まると同時に3分の時計を回し，3分の時計が止まるまでの時間（5＋3＝8）。

2 答え　図形 　　　面積　75㎠

◀解説動画

残る図形は，左図の白い部分。

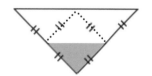

左図の部分だけ取り出すと，小さな直角二等辺三角形が4つあることがわかる。

黒色の部分は，4つのうちの1つ分なので，残る面積は $\frac{3}{4}$ である。

最初の大きな正方形の面積は，10×10＝100なので，その $\frac{3}{4}$ は75。よって，75㎠。

3　答え　1275

1＋50＝51
2＋49＝51
3＋48＝51
　　⋮
25＋26＝51
51×25＝1275となる。1つずつ足していってもよい。

4　答え

$$\boxed{0}\times9+1=1$$
$$\boxed{1}\times9+2=11$$
$$\boxed{1}\boxed{2}\times9+3=111$$
$$\boxed{1}\boxed{2}\boxed{3}\times9+4=1111$$
$$\boxed{1}\boxed{2}\boxed{3}\boxed{4}\times9+5=11111$$
$$\boxed{1}\boxed{2}\boxed{3}\boxed{4}\boxed{5}\times9+6=111111$$
$$\boxed{1}\boxed{2}\boxed{3}\boxed{4}\boxed{5}\boxed{6}\times9+7=1111111$$
$$\boxed{1}\boxed{2}\boxed{3}\boxed{4}\boxed{5}\boxed{6}\boxed{7}\times9+8=11111111$$
$$\boxed{1}\boxed{2}\boxed{3}\boxed{4}\boxed{5}\boxed{6}\boxed{7}\boxed{8}\times9+9=111111111$$
$$\boxed{1}\boxed{2}\boxed{3}\boxed{4}\boxed{5}\boxed{6}\boxed{7}\boxed{8}\boxed{9}\times9+10=1111111111$$

5　答え　12.56m

例えば，地球の半径を1m，3m，5mとし，円の円周を比べる。
1mが，6.28m，3mが18.84m，5mが31.4mとなる。
円の大きさにかかわらず，半径が2mのびるごとに，直径が4m長くなり，円周は12.56m長くなるのである。この問題も同様に考えればよい。

【引用文献】
小松裕明①③④⑤『教室熱中！難問1問選択システム5年』P.38～39（明治図書）
辻井公一郎②『新難問・良問＝5題1問選択システム5年』P.83（明治図書）

難問
No.8

★問題が5問あります。1問だけ選んで解きましょう。

1　ミックスジュースを作ります。Aのジュース30%とBのジュース70%を混ぜると，1L260円かかります。Aのジュース70%とBのジュース30%を混ぜると、1L350円かかります。
　　Aのジュース50%とBのジュース50%を混ぜると，1Lいくらになるでしょうか。

答え（　　　　　　　）円

2　ここにA，B，C，D，Eの5つのものさしがならんでいます。Eの目もりが3202のとき，Aの目もりはいくつですか。

A	0	1	2	3	4	5	6	…	?
B	2	3	4	5	6	7	8	…	
C	4	9	16	25	36	49	64	…	
D	8	18	32	50	72	98	128	…	
E	10	20	34	52	74	100	130	…	3202

答え（　　　　　　）

名前（　　　　　　　　　　　　　　）

3 円を1本の直線で分けると，Aのように2つに分けられます。
　2本の直線で分けるとBのように3つに分けられる場合と，4つに分けられる場合があります。
　では，4本の直線では，最も多くて何個に分けられますか。

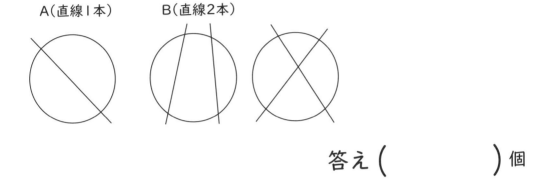

A(直線1本)　　B(直線2本)

答え（　　　　　　　）個

4 2÷7の商を小数で表します。商の小数第30位の数字は何でしょうか。

答え（　　　　　　　）

5 ここに，大きさがちがう4つの数があります。その中から，2つずつ数を取り出して，和をつくったら，次のようになりました。
　26，23，19，13，9，6
　一番大きい数を偶数とするとき，4つの数を求め，大きい順に書きなさい。

答え（　　　　　　　　　　　　　　）

1　答え　305円

◀解説動画

　1L260円のジュースと，1L350円のミックスジュースを
合わせると，2Lで610円のジュースになる。
　AとBは，それぞれ100%になる。
　これを半分にすると，1L305円，AとBはそれぞれ50%になる。

2　答え　38

　Eから2を引いたのがD。よって，Eが3202のとき、Dは3200。
　Dを半分にしたのが，C。よって，Cは1600。
　Bは，2回かけるとCになる(B×B=C)ので，40×40=1600の式から，
Bは40。
　Bから2を引くとAになるので，40-2=38。

3　答え　11個

　「最も多く直線が交わるように引く」と，多く分けることができる。

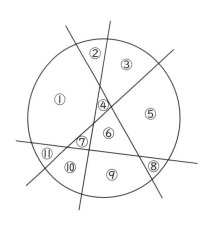

出題＝阿妻洋二郎・吉川誠仁・板倉弘幸

選＝柴山佳月（編集チーム）

4 答え 4

2÷7=0.285714285・・・ となり，「285714」が繰り返される。

表にすると以下のようになる。

よって，小数第30位は「4」だとわかる。

小数第何位	1	2	3	・・・	26	27	28	29	30
その数字	2	8	5	・・・	8	5	7	1	4

285714 は6けたなので，30÷6＝5

割り切れるので最後の「4」になる（もしあまり1なら「2」となる）。

5 答え 大きい順に，18，8，5，1

4つの数を大きい順にA，B，C，Dとする。

和を見ると，偶数が2つ(26, 6)，奇数が4つ(23, 19, 13, 9)ある。

こうなるのは，偶数2つ，奇数2つのときだけである。

和が偶数になる組み合わせは，偶数を2つ足したときか，奇数を2つ足したときだけとなる。

A＋B＝26とすると，Aは偶数なので，Bも偶数であることがわかる。

C＋D＝6とすると，CとDは奇数なので，C＝5，D＝1となる。

A＋C＝23から，A＋5＝23となり，A＝18である。したがって，B＝8とわかる。

よって，大きい順に，18，8，5，1となる。

【引用文献】
阿妻洋二郎[1]『新難問・良問＝5題1問選択システム5年』P.99（明治図書）
吉川誠仁[2][3][5]『教室熱中！難問1問選択システム5年』P.42〜43（明治図書）
板倉弘幸[4]『小学校の「ちょいムズ算数」を良問60で完全攻略』P.23（明治図書）

難問
No.9

★問題が5問あります。1問だけ選んで解きましょう。

1　124チームが参加してトーナメント戦による少年サッカー大会が行われました。引き分けはありませんでした。大会では何試合が行われたでしょう。

答え（　　　　　　　）試合

2　下のような図形の周りの長さは何cmですか。

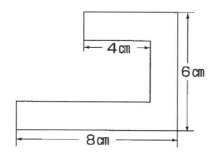

4cm
6cm
8cm

答え（　　　　　　　）cm

3　ノートと色えん筆を買うと1800円でした。ノートのねだんは，色えん筆のねだんの25％にあたります。ノートと色えん筆はそれぞれいくらでしょうか。

答え　ノート（　　　　　　　）円　色えん筆（　　　　　　　）円

名前 （　　　　　　　　　　　　　　　）

4 図のような，面積が6cm²の六角形があります。三角形ABCと三角形ACEの面積はそれぞれ何cm²ですか。

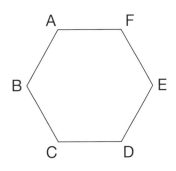

答え　三角形ABC （　　　　　　　　） cm²

答え　三角形ACE （　　　　　　　　） cm²

5 まっすぐなぼうが6本，その半分の長さのぼうが4本あります。これらを使って，同じ大きさの正方形を4つ作ります。作った図形を，答えのらんにかきなさい。ただし，ぼうは切ること，曲げることはできません。

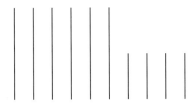

答え

① **答え　123試合**

　トーナメントでは，1試合するごとに1チームが敗退して減っていく。
124チームの中で123チームが敗退するので，試合数は123試合になる。

　トーナメント表を実際に
かいてみるのもよい。

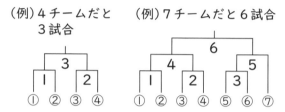

（例）4チームだと
3試合

（例）7チームだと6試合

② **答え　36cm**

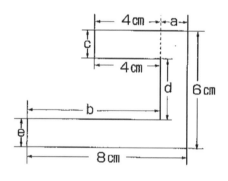

左の図のように
a，b，c，d，eとする。
aとbを足すと8になる。
cとdとeを足すと6になる。
この図形の長さは，
4+4+6+8+(a+b)+(c+d+e)
=4+4+6+8+8+6
=36
よって，36cmとなる。

③ **答え　ノート360円　色えん筆1440円**

　$25\% = \frac{1}{4}$だから，ノートの値段は色鉛筆の値段の$\frac{1}{4}$である。つまり，ノート4冊の値段と色鉛筆の値段は同じである。よってノートと色鉛筆の値段はノート5冊の値段と同じになるから，

　　ノート1冊の値段は，1800÷5=360(円)
　　色鉛筆の値段は，1800−360=1440(円)

出題＝大和正秀・鈴木正和・石川裕美・遠藤真理子・鶴田博史

選＝山越和彦（編集チーム）

4 答え　三角形ABC 1㎠　三角形ACE 3㎠

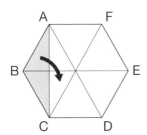

三角形 ABC は正六角形を 6 等分したものと同じ大きさだから，

6÷6＝1　　1㎠

◀解説動画

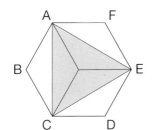

三角形 ACE は正六角形の半分の大きさだから，

6÷2＝3　　3㎠

5 答え　下図の通り

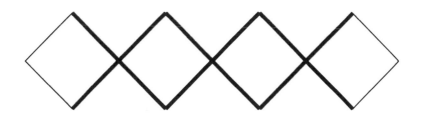

太い直線が長い棒，細い直線が短い棒である。

【引用文献】
大和正秀 1 5 『教室熱中！難問 1 問選択システム 5 年』P.46～47（明治図書）
鈴木正和 2 『新難問・良問＝5 題 1 問選択システム 5 年』P.87（明治図書）
石川裕美／遠藤真理子 3 『小学校の「算数」を 5 時間で攻略する本』P.45（PHP 研究所）
鶴田博史 4 『新難問・良問＝5 題 1 問選択システム 5 年』P.91（明治図書）

★問題が5問あります。1問だけ選んで解きましょう。
と

1　7を2回かけると7×7＝49で，一の位の数は9になります。
　7を3回かけると7×7×7＝343で，一の位の数は3になります。
　7を100回かけたときの一の位の数は何ですか。

答え（　　　　　）

2　下の図のように○の中に数が入っています。2つの○の間にぶ
　ら下がっている○の中には，2つの数の差（大きい数から小さい
　数をひいた数）が入ります。

（例）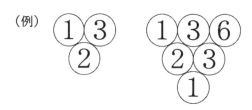

　右の10この○の中に，1～10
を入れて，ぶら下がり算を完成
させましょう。ただし同じ数を
2度使ってはいけません。

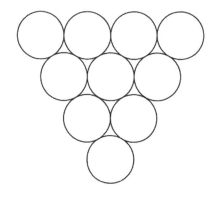

名前（　　　　　　　　　　　　）

3 てん開図に右のような向きで「もんだい」と書き，立方体にすると順序正しく「もんだい」と読めます。下の①，②のてん開図の場合，ほかの文字は，どのマスにどの向きで入るのか，実際に書きこみなさい。

①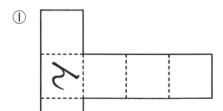

②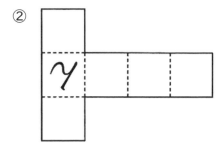

4 しゃ線部分の面積を求めましょう。

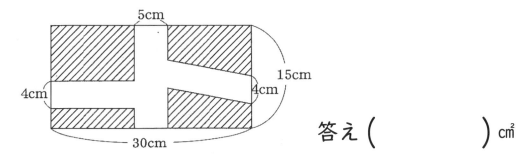

答え（　　　　　　　）cm²

5 1さつ150円のノートと，1さつ100円のノートを合わせて15さつと，50円の消しゴムを1個買いました。代金は全部で2000円になりました。
　1さつ150円のノートを何さつ買ったことになりますか。

答え（　　　　　　　）さつ

解答と解説 No.10

☐ **答え　1**

- ・7
- ・7×7＝49
- ・7×7×7＝343
- ・7×7×7×7＝2401
- ・7×7×7×7×7＝16807
- ・7×7×7×7×7×7＝117649

一の位だけ見ると，

　7→9→3→1→7→…

のように7→9→3→1を繰り返している。つまり4回で1回りしていることがわかる。100回目は，

　100÷4＝25

　ちょうど25回り目が終わるので，答えは1である。

☐ **答え　下図の通り（別解あり）**

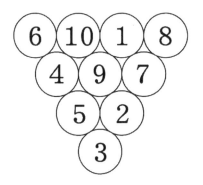

　答えは，上に示した以外にもある。この問題は，いろいろな数を入れてみて試してみることが大切である。

　10個のぶら下がり算ができた人は，15個のぶら下がり算にも挑戦してみよう。

3 　答え　下図の通り

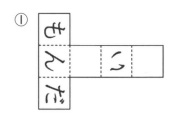 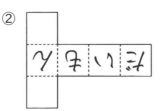

文字の上側の辺が，文字が入らない面を取り囲むようになっていればよいのである。

4 　答え　275㎠

斜線部分をくっつけると，下のような図になる。

◀解説動画

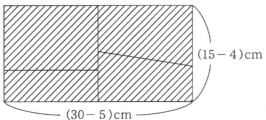

縦が，
　15－4＝11　　11cm
横が，
　30－5＝25　25cm
の長方形だから，面積は，
　11×25＝275　275㎠

5 　答え　9さつ

　150円のノートの冊数と代金の関係が下の表のようになることから，150円のノートは9冊だとわかる。

150円のノートの冊数	0冊	1冊	2冊	3冊	…	9冊
150円のノートの代金(円)	0	150	300	450	…	1350
100円のノートの代金(円)	1500	1400	1300	1200	…	600
消しゴム1個の代金(円)	50	50	50	50	…	50
合計(円)	1550	1600	1650	1700	…	2000

【引用文献】
宇田川浩樹『教室熱中！難問1問選択システム5年』P.50〜51（明治図書）

★問題が5問あります。1問だけ選んで解きましょう。

1 0.05分は何秒ですか。

答え（   ）秒

2 長さ10㎝の紙テープを36まいはり合わせて，全体の長さが2m
90㎝のテープを作ります。のりしろ1つの長さは何㎝になります
か。（のりしろの長さは，どれも同じ長さと考えます。）

答え（   ）㎝

3 ジュースのもとに水を混ぜて，ジュースを作ります。100gの
水に10gのジュースのもとをとかします。ジュースののう度は，
約何％になりますか。

答え（   ）％

名前（　　　　　　　　　　　　）

4　立方体の積み木を下の図のように積み重ねます。9 だん積み重ねるには，積み木は何個必要でしょうか。

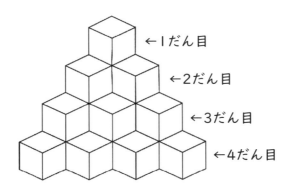

←1 だん目
←2 だん目
←3 だん目
←4 だん目

答え（　　　　　　）個

5　下の図の中にひし形は何個あるでしょうか。

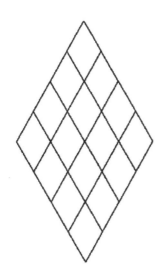

答え（　　　　　　）個

1 答え　3秒

　難しそうに見えるが，1分＝60秒を使って計算すれば簡単である。
　まず，簡単な問題を例にして考えてみる。
（例）3分＝？秒
　　　60×3＝180
　　　180秒
　同じようにして考えれば，
　　　60×0.05＝3
となり，答えは3秒となる。

2 答え　2cm

　のりしろがテープの数より1つ少ないことに気づくことができれば，簡単な計算になる。
（例）2枚のテープ…のりしろは1つ
　　　3枚のテープ…のりしろは2つ
　　　4枚のテープ…のりしろは3つ（下の図）

　のりしろがない場合テープ36枚の長さは，10×36＝360　となり，360cmとなる。
　のりしろ全部の長さは，360−290＝70　となり，70cmとなる。
　よって，のりしろ1つ分の長さは，70÷（36−1）＝2　となり，答えは2cmとなる。

選＝竹内浩平（編集チーム）

3 答え　約9％

　この問題では，ジュースの量を100gと考えがちである。

　ジュースのもと（10g）を加えたのだから，ジュースの量は
100＋10＝110となり，110gとなる。よって，ジュースの濃度は，
10÷110×100＝9.0909…　となり，約9％となる。

4 答え　165個

　粘り強く図を描いて，数えることで解くこともできるが，
規則性に気づけるとよい。

◀解説動画

1段目	2段目	3段目	4段目	5段目	6段目	7段目	8段目	9段目
1 →	4 →	10 →	20 →	35 →	56 →	84 →	120 →	165
	+1	+1	+1	+1	+1	+1	+1	+1
	+2	+2	+2	+2	+2	+2	+2	+2
		+3	+3	+3	+3	+3	+3	+3
			+4	+4	+4	+4	+4	+4
				+5	+5	+5	+5	+5
					+6	+6	+6	+6
						+7	+7	+7
							+8	+8
								+9

（1段目の下には +1, +2）

　このように，上から見える積み木の
増え方が1ずつ大きくなっていくことに
気づくと，足し算で出すことができる。

5 答え　30個

 小（小さいひし形1個分）→16個　　大（小さいひし形9個分）　　→4個

 中（小さいひし形4個分）→ 9個　　特大（小さいひし形16個分）→1個

　　16＋9＋4＋1＝30

【引用文献】
井上嗣祥①②『教室熱中！難問1問選択システム5年』P.54（明治図書）
板倉弘幸④『小学校の「ちょいムズ算数」を良問60で完全攻略』P.155（明治図書）
岩田史朗⑤『授業で使える新難問・良問＝5題1問選択システム5年』P.50（明治図書）
【参考文献】
井上嗣祥③『教室熱中！難問1問選択システム5年』P.54（明治図書）

難問 No.12

★問題が5問あります。1問だけ選んで解きましょう。

1 右の図は，1つの円に囲まれた数の和がどの円も14になります。

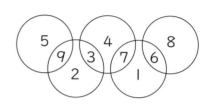

　これと同じように，1から9までの数を使って，1つの円に囲まれた数の和がどの円も13になるような数字を下の図に入れましょう。

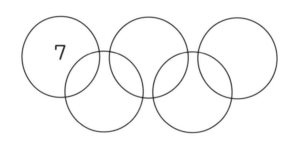

2 古代エジプト人は，分子が1である分数しか考えていませんでした。そこで，$2 \div 5 = \frac{2}{5}$ ではなく，$2 \div 5 = \frac{1}{3} + \frac{1}{15}$ のように書き表しています。これは，2個のものを5人で分けるときに，まず，2個をそれぞれ3等分して，5人がそれぞれ1つずつ取り，残ったものをさらに5人で分けて，$2 \div 5 = \frac{1}{3} + \frac{1}{15}$ と考えたようです。次の□にあてはまる数を書きましょう。

$$4 \div 5 = \frac{1}{\square} + \frac{1}{\square} + \frac{1}{\square}$$

名前 （　　　　　　　　　　　　　　　　）

3　下の図の中に，三角形は何個あるでしょうか。

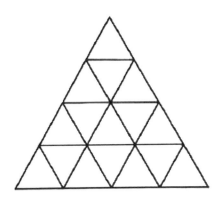

答え（　　　　　　）個

4　5÷7の小数第100位の数字は何ですか。

答え（　　　　　　）

5　太い線で囲まれた部分の面積を求めましょう。

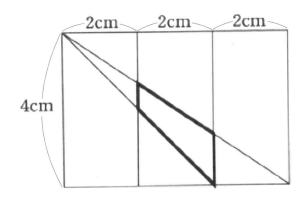

答え（　　　　　　）cm²

[1] 答え　下図の通り（別解あり）

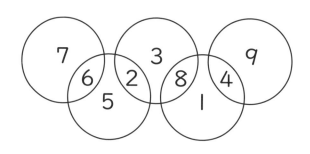

[2] 答え　2，4，20

4個のものをそれぞれ2等分して，5人がそれぞれ1つずつ取る。

$$\frac{1}{2}$$

◀解説動画

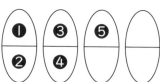

残ったものをさらに半分に分けて，5人がそれぞれ1つずつ取る。

$$\frac{1}{2}+\frac{1}{2\times2}=\frac{1}{2}+\frac{1}{4}$$

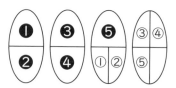

残ったものをさらに5等分して，5人がそれぞれ1つずつ取る。

$$\frac{1}{2}+\frac{1}{4}+\frac{1}{5\times4}=\frac{1}{2}+\frac{1}{4}+\frac{1}{20}$$

よって，

$$4\div5=\frac{1}{2}+\frac{1}{4}+\frac{1}{20}$$

となり，あてはまる数は，
2，4，20となる。

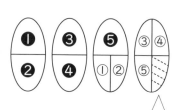

この図からみると，5が4つ分なので，$\frac{1}{5\times4}$ →20等分

3　答え　**27個**

△ 小（小さい三角形1個分）→16個　　大（小さい三角形9個分）　　→3個

中（小さい三角形4個分）→ 7個　　特大（小さい三角形16個分）→1個

16＋7＋3＋1＝27

中（小さい三角形4個）に，逆向きが1個あるのに気づけるかがポイントである。

4　答え　**2**

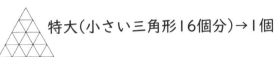

5÷7＝0.7142857142857142857……7142857142857

というように714285の6つの数字が繰り返し出てくる。

100÷6＝16あまり4なので，714285が16回繰り返される。それが小数第96位まで。

よって，小数第97位　小数第98位　小数第99位　小数第100位
　　　　　　　　7　　　　　1　　　　　4　　　　　2

となり，小数第100位は2となる。

5　答え　**2㎠**

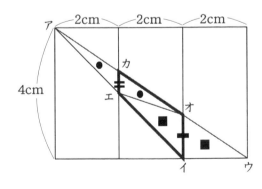

△アイウの面積は，

2×4÷2＝4㎠となる。

エカが底辺で高さが2㎝で同じだから，

△アエカ＝△カエオ…●

同様に，イオが底辺で高さが2㎝で同じだから，

△エイオ＝△オイウ…■

四角形カエイオの面積は，

△アイウの面積に半分になる。

よって，4÷2＝2㎠となる。

【引用文献】
高橋　薫『教室熱中！難問1問選択システム 5 年』P.58〜59（明治図書）

★問題が5問あります。1問だけ選んで解きましょう。

1　30を41でわったとき，小数第100位の数字は何ですか。

答え（　　　　　）

2　1～101までの奇数の和は何ですか。

　　1＋3＋5＋・・・97＋99＋101＝？

答え（　　　　　）

3　2けたの整数を137でわって，その商を小数第3位で四捨五入したら0.69になりました。2けたの整数をすべて答えましょう。

答え（　　　　　）

名前（　　　　　　　　　　　　　）

4　半径AB＝5cmとする円があります。円のA地点からB地点を半径で切り落とします。円周をまっすぐにのばすとBA′A″という三角形になります。この三角形の面積は何cm²になりますか。

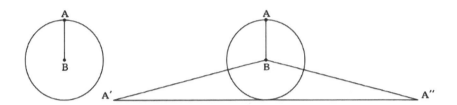

答え（　　　　　　　　）cm²

5　次の形の中に，平行四辺形は何個ありますか。

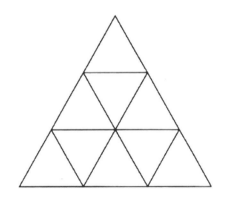

答え（　　　　　　　）個

1　答え　0

30÷41＝0.|73170|731707317・・・

これを見ると，73170という数字が続く小数（これを循環小数という）になっている。5けたまで割り進むとあとは，同じ数字の繰り返しである。ということは，

100÷5＝20

になるので，20回繰り返した一番最後の数字になる。

2　答え　2601

1＋101＝102　　　　　1から101までの奇数の数の列に，反対の101
3 ＋99 ＝102　　　　～1まで並べた数の列を足す。すると，すべて102
5 ＋97 ＝102　　　　になる。
　　 ⋮　　　　　　　 1から101の奇数だから，51個の数字が並んで
97＋ 5 ＝102　　　　いる。よって次のような式で求められる。
99＋ 3 ＝102　　　　　102×51÷2＝2601
101＋1＝102

3　答え　94，95

まずは検算してみる。

0.69×137＝94.53

94.53の前後の整数は94と95である。試しに割ってみて，答えを四捨五入すると0.69になる。

94÷137＝0.686̸⁹・・・

95÷137＝0.693̸・・・

4 **答え　78.5㎠**

三角形の底辺A′A″は円周，高さは半径ABになる。円周は，
A′A″＝5×2×3.14＝31.4
よって，円周は31.4㎝となる。
高さは半径ABの5㎝になるため，
31.4×5÷2＝78.5
よって三角形の面積は78.5㎠となる。

5 **答え　15個**

三角形を2つ使った平行四辺形 〔図〕 は9つ。

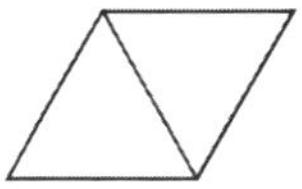

三角形を4つ使った平行四辺形 〔図〕 は6つ。

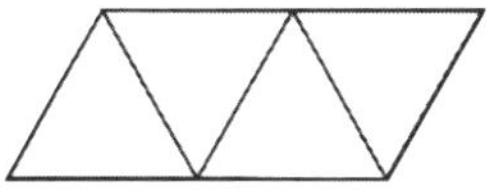

◀解説動画

9＋6＝15
よって平行四辺形は15個ある。

【引用文献】
青木勝隆②『新難問・良問＝5題1問選択システム5年』P.22（明治図書）
浅野　光③④⑤『教室熱中！難問1問選択システム5年』P.62～63（明治図書）
【参考文献】
浅野　光①『教室熱中！難問1問選択システム5年』P.62～63（明治図書）

★問題が5問あります。1問だけ選んで解きましょう。

と

1　合同な3つの図形に分けましょう。下の図にかきこみましょう。

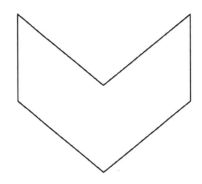

2　校庭を100周走ることにしました。
　月・水・金曜日は3周，火・木曜日は2周走ることにしました。
　土・日曜日は休みです。月曜日から始めたとき，何曜日に100周を走り終えますか。

答え（　　　　　　　）曜日

3　$\frac{3}{4}$と$\frac{4}{5}$の間にできる分数を小さい順に3つならべましょう。

答え（　　　　→　　　　→　　　　）

名前（　　　　　　　　　　）

4 お父さんが１人で畑を耕(たがや)すと40分かかります。
お母さんが１人で畑を耕すと60分かかります。
２人いっしょにすると何分で畑を耕すことができますか。

答え（　　　　　）分

5 正三角形ABCの３辺AB，BC，CAを下の図のように，それぞれ
2倍にのばした点を，ア，イ，ウとすると，正三角形アイウがで
きます。
このとき，正三角形アイウの面積は，正三角形ABCの面積の何
倍になりますか。

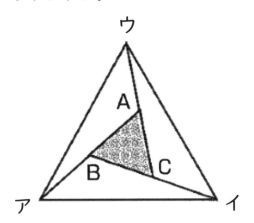

答え（　　　　　）倍

1 　答え　下図の通り

2 　答え　木曜日

　　月曜日から金曜日まで何周走るかを求めると，

　　月＋火＋水＋木＋金＝3＋2＋3＋2＋3＝13

　つまり，1週間に13周走ることになる。100周走るので，

　　100÷13＝7あまり9

　　したがって，8週目は残り（あまり）9周を走ればよいことになる。

　月，火，水で8周走るので，木曜日が9周目になる。よって木曜日。

3 　答え　例 $\frac{23}{30}$，$\frac{31}{40}$，$\frac{47}{60}$ （別解 $\frac{61}{80}$，$\frac{62}{80}$，$\frac{63}{80}$）

　$\frac{3}{4}$ と $\frac{4}{5}$ を通分すると，$\frac{15}{20}$ と $\frac{16}{20}$ で間がない。

　そこで次のように，さらに大きな分母に直して考える。

　分母40……$\frac{30}{40}$ と $\frac{32}{40}$ の間の分数→$\frac{31}{40}$

　分母60……$\frac{45}{60}$ と $\frac{48}{60}$ の間の分数→$\frac{46}{60}\left(\frac{23}{30}\right)$，$\frac{47}{60}$

　通分すると $\frac{92}{120}\left(\frac{23}{30}\right)$，$\frac{93}{120}\left(\frac{31}{40}\right)$，$\frac{94}{120}\left(\frac{47}{60}\right)$の順となる。

　　よって答えは，$\frac{23}{30}$，$\frac{31}{40}$，$\frac{47}{60}$ となる。

　（別解）分母80……$\frac{60}{80}$ と $\frac{64}{80}$ の間の分数→$\frac{61}{80}$，$\frac{62}{80}$，$\frac{63}{80}$

出題＝中山和明・小林幸雄・松岡宏之

選＝大邉祐介（編集チーム）

4 答え　24分

　お父さんは１分間に畑の $\frac{1}{40}$ を，お母さんは１分間に畑の $\frac{1}{60}$ を耕すことになる。2人合わせると，

$$\frac{1}{40}+\frac{1}{60}=\frac{3}{120}+\frac{2}{120}=\frac{5}{120}=\frac{1}{24}$$

となり，１分間で $\frac{1}{24}$ を耕すことができる。
　したがって，2人いっしょにすれば24分で耕せることになる。

▶解説動画

5 答え　7倍

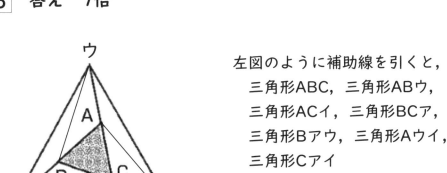

左図のように補助線を引くと，
　三角形ABC，三角形ABウ，
　三角形ACイ，三角形BCア，
　三角形Bアウ，三角形Aウイ，
　三角形Cアイ
の7つの三角形ができる。
　この7つの三角形は，底辺の長さも高さも等しくなるため，すべての面積が等しくなる。
　よって，三角形アイウの面積は三角形ABCの7つ分の面積ということになる。
　よって，三角形アイウの面積は三角形ABCの7倍になる。

【引用文献】
中山和明①②『教室熱中！難問１問選択システム５年』P.67（明治図書）
小林幸雄③④『新難問・良問＝５題１問選択システム５年』P.62（明治図書）
松岡宏之⑤『新難問・良問＝５題１問選択システム５年』P.82（明治図書）

難問
No.15

★問題が5問あります。1問だけ選んで解きましょう。

1　1辺の長さが1cmの正方形をならべて，下のような形をつくっていきます。10だんの形をつくったとき，周りの長さは何cmになるでしょうか。

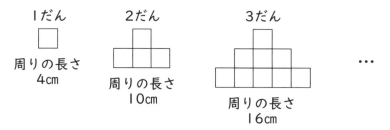

1だん

周りの長さ
4cm

2だん

周りの長さ
10cm

3だん

周りの長さ
16cm

…

答え（　　　　　　　）cm

2　連続した3つの奇数の和を考えます。

　　例　7＋9＋11＝27

　　連続した3つの奇数の和が675のとき，この3つの奇数は何ですか。

答え（　　　，　　　，　　　）

名前（　　　　　　　　　　　　　　　）

3 □に，＋・−・×・÷の記号を入れて，式を完成させましょう。（同じ記号を何回使ってもいいです。）

2□2□2□2＝1　　　2□2□2□2＝4

2□2□2□2＝2　　　2□2□2□2＝5

2□2□2□2＝3　　　2□2□2□2＝6

4 左の表のようなきまりで，表に数を入れます。このきまりにしたがって，右の表のあいたところに数を入れましょう。

1	1
1	3

きまり

			1
			7
			25
1	7	25	63

5 あるプロ野球選手は，これまでの試合で150打席38安打でした。これから何打席連続でヒットを打てば打率3割（30%）になるでしょうか。

答え（　　　　　　　　）打席

1 **答え　58㎝**

　　1段増えるごとに周りの長さは6㎝ずつ長くなる。
　　10段になるまで「1段の4㎝から6㎝ずつ9回長くなる」
　と考えると，
　　$4+6×9=58$
　となり，10段の周りの長さは58㎝。

◀解説動画

　　別の考えで言葉の式に表すと，「段の数×6−2＝周りの長さ」となる。
　　これに，段の数の10をあてはめると，
　　$10×6−2=58$
　となり，10段の周りの長さは58㎝。

2 **答え　223，225，227**

　　675を3等分すると，
　　$675÷3=225$
　　この225が真ん中の数字となる。
　　つまり連続した3つの奇数は，223，225，227。

3 答え　（例）下記の通り

$2÷2+2-2=1$　　$2×2×2÷2=4$

$2÷2+2÷2=2$　　$2×2+2÷2=5$

$2×2-2÷2=3$　　$2×2×2-2=6$

4 答え　下記の通り

l	l	l	l
l	3	5	7
l	5	13	25
l	7	25	63

　きまりの表から，右下には左，上，左上の3つの数の和が入ることがわかる。このきまりの通りあてはめていく。

　13からあてはめていくと考えやすい。

5 答え　10打席

安打数÷打数＝打率。

これまでの打率は38÷150＝0.253…で約25%。

10打席連続でヒットを打つと，160打席48安打。そうなったときの打率は，48÷160＝0.3となり，3割(30%)になる。

このあと5本連続ヒットを打つと，43÷155＝0.277…。

【引用文献】
長谷和美①③④『教室熱中！難問1問選択システム5年』P.70〜71（明治図書）
木村正章②『新難問・良問＝5題1問選択システム5年』P.30〜33（明治図書）
石川裕美⑤『小学校の「算数」を5時間で攻略する本』P.167（PHP研究所）

★問題が5問あります。1問だけ選んで解きましょう。

1　家から学校までの道のりは2000mです。兄は，家から学校に向かって分速60mで歩きます。弟は，学校から家に向かって分速40mで歩きます。同時に出発すると，2人が出会うのは，家から何mのところでしょうか。

答え（　　　　　）m

2　正方形の折り紙を，下の図のように折りました。
角AEF（★）の角度は何度でしょうか。

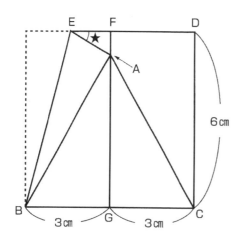

答え（　　　　　）度

名前（　　　　　　　　　　　　　）

3　正方形の花だんがあります。この花だんを左の図のように2等分すると，うまく植えられなかったので，右の図のように3等分しました。2等分した1つ分と3等分した1つ分の面積の差は24㎡でした。この花だんの1辺の長さは何mでしょうか。

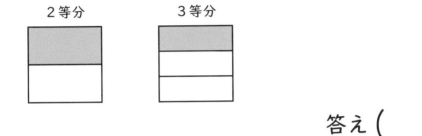

答え（　　　　　　　）m

4　1日の太陽が出ている時間を昼，太陽が出ていない時間を夜とします。昼が夜よりも2時間30分長い日の昼の時間は，何時間何分でしょうか。

答え（　　　　　　　）時間（　　　　　　　）分

5　式の□に入る数字を答えましょう。
（□の中には1から9の数字が入ります。同じ数字は入りません。）

$$\frac{1}{\square} + \frac{1}{\square} + \frac{1}{\square} = 1$$

1 答え　1200m

兄は分速60m。弟は分速40m。
2人合わせると,
60＋40＝100
となり,1分で100m進む。
2人合わせて2000m進むには,
2000÷100＝20
で,20分かかる。
出発後20分で2人は出会う。
その間に,兄は
60×20＝1200
で,1200m進んでいる。

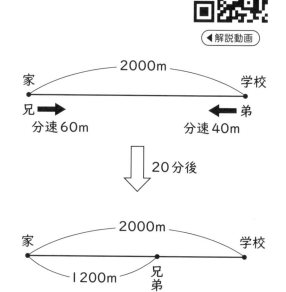

◀解説動画

2 答え　30度

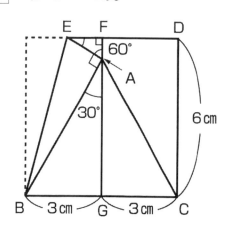

正方形なので,AB＝BC。
よって,△ABCは正三角形になる。
角BAGは,60度の半分なので,30度
となる。
角EAFは,
180－(30＋90)なので,60度となる。
角AEFは,
180－(90＋60)なので,30度となる。

選＝稲井康之（編集チーム）

3 答え　12m

正方形の花だんを1とすると，

2等分した1つ分＝$\dfrac{1}{2}$

3等分した1つ分＝$\dfrac{1}{3}$

2つの差は$\dfrac{1}{2}-\dfrac{1}{3}=\dfrac{1}{6}$

この差が24㎡である。

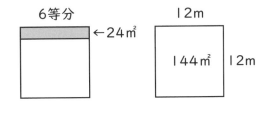

$\dfrac{1}{6}$が24㎡ということは，1とした花だんはその6倍。24×6で144㎡

12×12＝144なので，

面積が144㎡の正方形の1辺の長さは12mとなる。

4 答え　13時間15分

　考えやすくするために，1日24時間を昼12時間，夜12時間に分ける。2時間30分昼の方が長いので，その半分の1時間15分を昼の長さに加える。

5 答え　2，3，6（順不同可）

$$\dfrac{1}{2}+\dfrac{1}{3}+\dfrac{1}{6}=1$$

□に1は入らない。2を使わないと，和が1にはとどかない。よって2は必ず入る。次に3，4・・・とあてはめていく。

【引用文献】
渡邉緑二①『向山型算数教え方教室 2008 年 12 月号』P.72（明治図書）
福澤真太郎②『新難問・良問＝5題1問選択システム 5 年』P.50（明治図書）
小野敦子③『新難問・良問＝5題1問選択システム 5 年』P.94（明治図書）
浜田勇一⑤『新難問・良問＝5題1問選択システム 5 年』P.67（明治図書）
【参考文献】
星島成壱④『教室熱中！難問1問選択システム 5 年』P.74（明治図書）

難問
No.17

★問題が5問あります。1問だけ選んで解きましょう。

1 下の図の中に，正方形は何個ありますか。

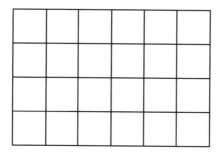

答え（　　　　　）個

2 2つの数があります。
2つの数の最大公約数は12で，最小公倍数は48です。
2つの数は，何でしょうか。

答え（　　　　　）と（　　　　　）

3 [1] [2] [3] [4] [5]

上の5まいのカードを使って，5けたの数をつくります。その中で，最も大きい数は，54321です。
20番目に大きい数は，何ですか。

答え（　　　　　　　　　）

名前（　　　　　　　　　　　）

4 下の図のような長方形の土地があります。

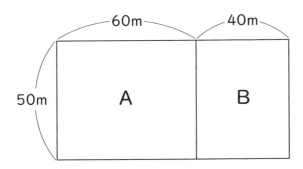

　Aの土地は，Bの土地より2m高くなっています。この土地をならしてAの土地，Bの土地ともに同じ高さにすると，Bの土地は，はじめより何m高くなりますか。

答え（　　　　　）m

5 赤，青，黄，緑，黒の5つの玉があります。重さについて，次の4つのことがわかっています。黄の重さは何gですか。
　①赤，黄，黒の重さの平均は，48.1g
　②赤，黄，緑の重さの平均は，39.1g
　③青，黄，黒の重さの平均は，46.6g
　④青，緑の重さの平均は，39.6g

答え（　　　　　）g

1 答え　50個

図の中にある正方形の数を，大きさごとに調べると次のようになる。

縦：4×横：6＝24

縦：3×横：5＝15

縦：2×横：4＝8

縦：1×横：3＝3

合計は　24＋15＋8＋3＝50　となり，答えは50個となる。

2 答え　12と48

最小公倍数が48ということから，2つの数は48以下だとわかる。

48の約数で，最大公約数の12より大きいのは，12・24・48の3つである。

（12と24），（24と48），（12と48）の中で，条件を満たすのは，（12と48）である。

3 答え　51423

① 54321　　⑥ 54123　　⑪ 53142　　⑯ 52314
② 54312　　⑦ 53421　　⑫ 53124　　⑰ 52143
③ 54231　　⑧ 53412　　⑬ 52431　　⑱ 52134
④ 54213　　⑨ 53241　　⑭ 52413　　⑲ 51432
⑤ 54132　　⑩ 53214　　⑮ 52341　　⑳ 51423

4　答え　1.2m

Aの土地の面積は，

50×60＝3000　となり，3000㎡。

土の体積は，高さが2mなので，Aの面積に高さをかけて，

3000×2＝6000　となり，6000㎥。

AとBの土地を合わせた長方形の面積は，

50×100＝5000　となり，5000㎡。

この土地に，高さ□mになるように土をならすと考えて，

5000×□＝6000

　　　　□＝6000÷5000＝1.2

よって，土地の高さは1.2m。

5　答え　33.6g

①を式にすると，（赤＋黄＋黒）÷3＝48.1

これを次の式に直す。

　①赤＋黄＋黒＝48.1×3＝144.3

同じように②③④について式にすると，

　②赤＋黄＋緑＝39.1×3＝117.3

　③青＋黄＋黒＝46.6×3＝139.8

　④青＋緑＝39.6×2＝79.2

②と③を合わせると，

　赤＋青＋黄2つ分＋緑＋黒＝117.3＋139.8＝257.1

①と④を合わせると，

　赤＋青＋黄＋緑＋黒＝144.3＋79.2＝223.5

（②と③）－（①と④）をすると黄1つ分がわかる。

　257.1－223.5＝33.6　となり，黄1つ分は33.6g

◀解説動画

【引用文献】
小林篤史①③『教室熱中！難問1問選択システム5年』P.78（明治図書）
佐藤敏博②『新難問・良問＝5題1問選択システム5年』P.26（明治図書）
高橋恒久④『新難問・良問＝5題1問選択システム5年』P.86（明治図書）
大澤　智⑤『新難問・良問＝5題1問選択システム5年』P.11（明治図書）

★問題が5問あります。1問だけ選んで解きましょう。

1 九九の表があります。この表の中の数の合計は何ですか。

1	2	3	4	5	6	7	8	9
2	4	6	8	10	12	14	16	18
3	6	9	12	15	18	21	24	27
4	8	12	16	20	24	28	32	36
5	10	15	20	25	30	35	40	45
6	12	18	24	30	36	42	48	54
7	14	21	28	35	42	49	56	63
8	16	24	32	40	48	56	64	72
9	18	27	36	45	54	63	72	81

答え (　　　　　　)

2 あるきまりにしたがって，次のように数がならんでいます。

```
            1              …1だん目
          2 3 4            …2だん目
        5 6 7 8 9          …3だん目
     10 11 12 13 14 15 16  …4だん目
  17 18 19 …
```

(1) 6だん目の最後の数は何ですか。

答え (　　　　　　)

(2) 8だん目の左から8番目の数は何ですか。

答え (　　　　　　)

(3) 123は，何だん目の左から何番目ですか。

答え (　　　　) だん目の左から (　　　　) 番目

名前（　　　　　　　　　）

3　正方形のタイルをたてに15まい，横に20まい，すき間なくしきつめて，長方形を作ります。対角線を1本引くと，対角線が横切るタイルは何まいありますか。

答え（　　　　　　　）まい

4　100より小さいある整数があります。この整数について次の3つのことがわかっています。この整数は何ですか。
　　① 7でわると，あまりが2
　　② 5でわると，あまりが1
　　③ 3でわると，あまりが2

答え（　　　　　　　）

5　Aさん，Bさん，Cさん，Dさんの4人が競争をしました。
　走る前に，4人とも予想をして，次のように言いました。
　　Aさん「3位になるぞ」
　　Bさん「2位までに入るわ」
　　Cさん「Aさんには勝つぞ」
　　Dさん「Bさんに勝つわ」

　ところが，走った結果，Aさんだけ予想が外れました。
　4人を正しい順位にならべましょう。

答え　1位（　　　）2位（　　　）3位（　　　）4位（　　　）

解答と解説 No.18

1 答え 2025

1	2	3	4	5	6	7	8	9
2	4	6	8	10	12	14	16	18
3	6	9	12	15	18	21	24	27
4	8	12	16	20	24	28	32	36
5	10	15	20	25	30	35	40	45
6	12	18	24	30	36	42	48	54
7	14	21	28	35	42	49	56	63
8	16	24	32	40	48	56	64	72
9	18	27	36	45	54	63	72	81

A	B	C
D	E	F
G	H	I

【簡単に求める方法　その1】

　左の図のように，全体を9つに区切ると，それぞれの真ん中（網掛けの数）が9つのマスの平均になっていることがわかる。

Aの合計→平均4×9マス＝36

Bの合計→平均10×9マス＝90

Cの合計→平均16×9マス＝144

　　　　　　　　　：

と求めていき，最後にそれぞれの合計を合わせると，2025となる。

【簡単に求める方法　その2】

「その1」の考え方を表全体にあてはめると，すべての数の81個の平均がど真ん中の25になっていることがわかる。

　したがって，25×81＝2025　となる。

2 答え (1) 36　(2) 57　(3) 12だん目の左から2番目

```
              1              …1段目
           2  3  4           …2段目
        5  6  7  8  9        …3段目
     10 11 12 13 14 15 16    …4段目
   17 18 19 …
```

　それぞれの段の右はしの数は，1，4，9，16となっている。

　つまり，□段目の右はしの数は，□×□で求めることができる。

(1)　6×6＝36

(2)　7段目の右はしの数は，7×7＝49となる。

　　8段目の左から8番目の数は，49＋8＝57となる。

(3)　□×□の形になる数で123に近い数は，11×11＝121

　　これが，11段目の右はしの数になる。

　　123－121＝2だから，123は12段目の左から2番目。

出題＝根津盛吾・赤羽洋治・佐藤敏博

選＝盛岡祥平（編集チーム）

3 答え　30まい

　縦3枚，横4枚の長方形で考えると，下の図のようになり，6枚のタイルを横切ることになる。

◀解説動画

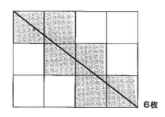

　縦15枚，横20枚の長方形で考えると，左の図が5回繰り返されることになる。

　6枚のタイルを横切ることが5回繰り返されるので，

　6×5＝30となり，30枚のタイルを横切る。

4 答え　86

　①③から，7で割っても，3で割ってもあまりが2ということは，7と3の公倍数に2を足した整数であることがわかる。

　7と3の公倍数に2を足した整数で，100より小さいものは，23・44・65・86。

　この中で，5で割って，あまりが1になる整数は86。

5 答え　1位 Dさん　2位 Bさん　3位 Cさん　4位 Aさん

　Aさんの予想が外れたことと，Bさん，Dさんの発言を整理すると，右の表のようになる。

　すると，Aさんに勝ったCさんは3位だとわかる（表の網掛けのところ）。

　よって，表の〇印のところが確定の順位となる。

	1	2	3	4
A			×	〇
B	×	〇	×	×
C			〇	
D	〇			

【引用文献】
根津盛吾①②⑤『教室熱中！難問1問選択システム 5 年』P.82〜83（明治図書）
赤羽洋治③『新難問・良問＝5題1問選択システム 5 年』P.54（明治図書）
佐藤敏博④『新難問・良問＝5題1問選択システム 5 年』P.18（明治図書）

難問
No.19

★問題が5問あります。1問だけ選んで解きましょう。

1　100個入りの箱に，みかんがいくつか入っています。
　　　3個ずつ数えたら，2個あまりました。
　　　4個ずつ数えたら，3個あまりました。
　　　5個ずつ数えたら，4個あまりました。
　　みかんは何個入っていたでしょう。

答え（　　　　　　）個

2　1辺が2cmの正方形が6つあります。
　12個の頂点から3個を選び，三角形を下の図にかきましょう。
　ただし，その三角形の面積が10cm²になるように頂点を決めます。

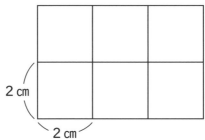

3　次の図には，四角形が何個ありますか。

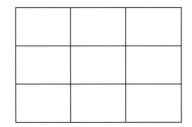

答え（　　　　　　）個

名前（　　　　　　　　　　　　）

4 たて，横が1cmの間かく(かん)でならんでいる点が，36個(こ)あります。
　下の図のように，点A，Bを決めます。もう1つの点Cを決めて，二等辺三角形を作ります。全部で何通りの二等辺三角形ができますか。

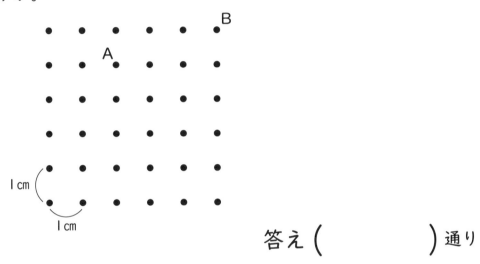

答え（　　　　　　　）通り

5 周りの長さが1800mの池があります。その池の周りに10mおきに木を植えます。さらに，木と木の間には，2mおきに「くい」を打っていきます。「くい」は何本必要になりますか。

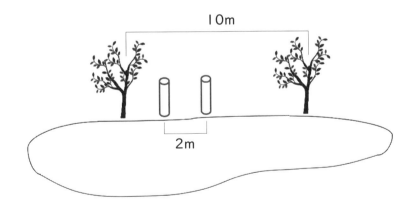

答え（　　　　　　　）本

1 答え　59個

3個で2個あまるから，1個足せば3の倍数になる。
4個で3個あまるから，1個足せば4の倍数になる。
5個で4個あまるから，1個足せば5の倍数になる。
したがって，答えは3，4，5の公倍数から1を引いた数になる。
　公倍数は(60，120，180…)
ここでは，箱が100個入りなので，
　60−1＝59(個)

2 答え　（例）下図の通り

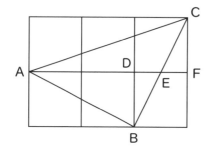

◀解説動画

$\triangle ACF = 6 \times 2 \div 2 = 6 \,cm^2$
$\triangle ABD = 4 \times 2 \div 2 = 4 \,cm^2$
$\triangle ACF + \triangle ABD = 10 \,cm^2$
$\triangle CEF = \triangle BED$
よって$\triangle ABC = 10 \,cm^2$

3 答え　36個

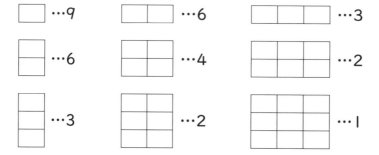

4　答え　6通り

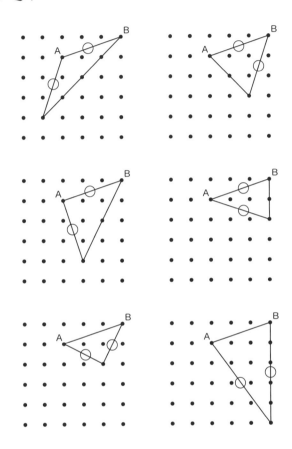

5　答え　720本

木の本数　　1800÷10＝180（本）

木と木の間　180か所

木の間のくいの数　10÷2－1（本）＝4（本）

必要なくいの数　　4×180（か所）＝720（本）

【引用文献】
後藤一則 2 3 4 5 『教室熱中！難問1問選択システム5年』P.86～87（明治図書）
雨宮　久 1 『新難問・良問＝5題1問選択システム5年』P.23（明治図書）

★問題が5問あります。1問だけ選んで解きましょう。

1　りんごが1個50円，みかんが1個30円として，両方合わせて12個買いました。金額は合計400円です。
　　りんごとみかんをそれぞれ何個買ったのでしょうか。

　　　答え　りんご（　　　　　　　　）個　みかん（　　　　　　　　）個

2　図のように6か国の旗が円形にならんでいます。次のようにして旗を1つずつどかしていくことにしました。
　（例）① 最初に，日本から時計回りに数え始めるとします。
　　　　② 5番目のアメリカの旗をどかします。
　　　　③ アメリカの次のイギリスから数えていきます。
　　　　④ 5番目の国の旗をどかします。（手順をくり返す。）
　　※旗をどかした国のことは，次から数えられません。
　　ある国を始めにして，このように旗をどかしていったところ，最後にイタリアの旗が残りました。さて，ある国とはどこでしょうか。

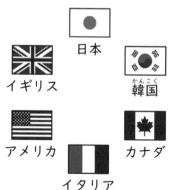

答え（　　　　　　　）

名前（　　　　　　　　　　　　　　）

3　2から10までの偶数（ぐうすう）の和は30です。
　　　2＋4＋6＋8＋10＝30
　　では，2から100までの偶数の和はいくつでしょう。
　　　2＋4＋6＋…＋96＋98＋100＝□

　　　　　　　　　　　答え（　　　　　　　　）

4　10本のマッチぼうで，下のような形を作りました。これに5本のマッチぼうを加えて，形も大きさも等しい3つの形に分けます。どのように置いたらよいでしょうか。下の図にかきましょう。

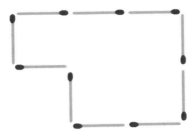

5　直線BEの上に点Fを打ち，台形ABCDと等しい三角形ABFを下の図にかきましょう。

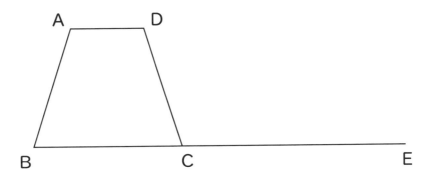

解答と解説 No.20

1 答え　りんご2個　みかん10個

　　　例えば，りんごを12個買ったとする。
　　　　50×12＝600(円)
　これは，実際の合計金額400円より200円高い。
　※りんごとみかんの値段の差は20円。
　　20円×買いすぎたりんごの数＝200円
　　買いすぎたりんごの数＝実際に買ったみかんの数
　　20円×実際に買ったみかんの数＝200円
　　よって，みかんの数は，200÷20＝10(個)

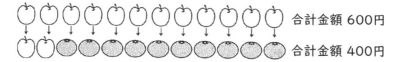

合計金額 600円
合計金額 400円

2 答え　イタリア

　例えば、日本から数える手順を最後までやってみる。
　　① 最初に日本から時計回りに数える。
　　② 5番目のアメリカの旗をどかす。
　　③ アメリカの次のイギリスから数える。
　　④ 5番目のイタリアの旗をどかす。
　　⑤ イタリアの次のイギリスから数える。
　　⑥ 5番目のイギリスの旗をどかす。
　　⑦ イギリスの次の日本から数える。
　　⑧ 5番目の韓国の旗をどかす。
　　⑨ 韓国の次のカナダから数える。
　　⑩ 5番目のカナダの旗をどかす。
　　⑪ 日本の旗が残る。

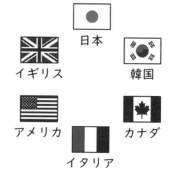

　結局残るのは，1番はじめに数え始めた国の旗であることがわかる。
　つまり問題のように，イタリアの旗が最後に残ったということは，イタリアから数え始めたということである。

出題＝山口正仁・小林篤志・松岡宏之

選＝松田圭史（編集チーム）

3 答え　2550

```
2 ＋100 ┐
3 ＋ 99 │    足して102になる組み合わせが
4 ＋ 98 │    25組ある。
⋮  ⋮  │
48 ＋ 54 │
50 ＋ 52 ┘    102×25＝2550
```

4 答え　下図の通り

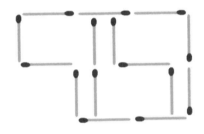

5 答え　下図の通り

頂点AとCを結び，線分ACとする。頂点Dを通り，線分AC
に平行な直線と直線BEの交わる点をFとする。

ACとDFは平行だから，△ACDと△ACFは底辺と高さが等
しい。ゆえに△ACD＝△ACF　よって，台形ABCD＝△ABF

◀解説動画

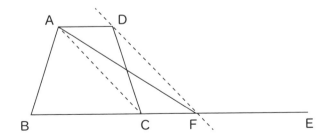

【引用文献】
山口正仁 1 2 4 『教室熱中！難問1問選択システム5年』P.90〜91（明治図書）
小林篤志 3 『新難問・良問＝5題1問選択システム5年』P.18（明治図書）
【参考文献】
松岡宏之 5 『教室熱中！難問1問選択システム5年』P.31（明治図書）

★問題が5問あります。1問だけ選んで解きましょう。

1 まほう使いがA，B，Cの3か所にたから物をかくしました。弟子のたかし，あきら，よしおに留守の間，それぞれの場所のたから物を見張るようにたのみました。まほう使いがもどってきたとき，3人は次のように言いました。

> たかし「わたしはAでしっかりと見張りました」
> あきら「わたしはA以外の場所を見張りました」
> よしお「わたしはBを見張りました」

この3人のうち，2人は正しいことを言い，1人はうそを言って言います。うそを言っているのはだれですか。また，3人はそれぞれどの場所にいましたか。

答え　うそを言っている人（　　　　　　）
A（　　　　　）B（　　　　　）C（　　　　　）

2 よしこさんのクラスには子どもが30人います。そのうち水泳を習っている人が12人，ピアノを習っている人が8人，どちらも習っていない人が15人います。
　　両方習っている人は何人ですか。　　　答え（　　　　　）人

3 図形を次のようにならべていきます。130番目の図形は何ですか。

1　2　3　4　5　6　7　8　9…
□　○　△　▽　○　▽　□　○　△…

答え（　　　　　）

4 ある5人家族の年れいについて，次のことがわかっています。父の年れいは何才ですか。

> ①弟と妹の年をたすと42才
> ②兄と弟の年をたすと45才
> ③父と兄の年をたすと78才
> ④母と妹の年をたすと73才
> ⑤父と母と弟の年をたすと121才

答え（　　　　　　）才

5 A〜Hの8チームで，野球のトーナメント戦をしました。□にはD〜Hのいずれかのチームが入ります。次の3つのことがわかっているとき，準優勝のチームはどこですか。

> ①EチームはDチームに勝ったが，
> 　決勝戦には進出できなかった。
> ②Fチームは2回戦で負けた。
> ③AチームとGチームの対戦はなかった。

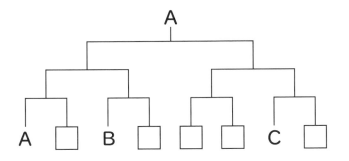

答え（　　　　　　　）

1 　答え　うそを言っている人　よしお
　　　　 A たかし　B あきら　C よしお

　うそをつくと，実際はどこを見張ったのかわかるというのがポイントである。それぞれがうそをついたときを列挙してみる。

たかしがうそ→たかしはBかCを見張った。
　　　　　　　あきらはBかCを見張った。　　　　}　Aを見張る人
　　　　　　　よしおはBを見張った。　　　　　　　がいない。

あきらがうそ→あきらはAを見張った。
　　　　　　　たかしはAを見張った。　　　　　}　Cを見張る人
　　　　　　　よしおはBを見張った。　　　　　　　がいない。

よしおがうそ→よしおはAかCを見張った。
　　　　　　　たかしはAを見張った。　　　　　}　よしおC
　　　　　　　あきらはBかCを見張った。　　　　　たかしA
　　　　　　　　　　　　　　　　　　　　　　　　　あきらB

2 　答え　5人

　次のような図で表すことができる。今回は横線部分を求めなさいという問題である。○2つは全体30からどちらもやっていない15を引いて，
　$30 - 15 = 15$
　重なり合わないときの○2つの総数は，
　$12 + 8 = 20$
　したがって，重なる部分は，
　$20 - 15 = 5$　よって，答えは5人となる。

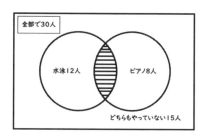

全部で30人
水泳12人　ピアノ8人
どちらもやっていない15人

3 　答え　台形

1	2	3	4	5	6	7	8	9…
□	○	△	▱	◯	▽	□	○	△…

　6番目までで1つのまとまりである。
130番目までにこのまとまりが何回あるかを考えると，
　$130 \div 6 = 21$ あまり4
まとまりは21回となり，4つ進むので，4番目の台形が解答となる。

出題＝伊藤道海・東條正興・松藤　司・立石佳史・横崎剛志

選＝竹内浩平（編集チーム）

4　答え　52才

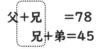　　　　　　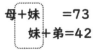

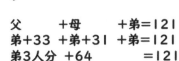

5　答え　C

下のように□を1〜5に分ける。

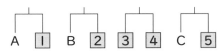

1つ目の条件から，DとEが初戦で当たるのは34しかない。

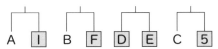

次に，Fは2回戦負けのため，優勝したAの隣1，勝つと2回戦でEに当たる5には入れない。よって，2がFとなる。

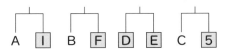

GはAと対戦しないため，5がG，1がHとわかる。
トーナメントをかくと，右のようになり，
準優勝は，Cとなる。

【引用文献】
伊藤道海1『向山型算数教え方教室 2008 年 1 月号』P.72（明治図書）
東條正興2『向山型算数教え方教室 2007 年 7 月号』P.72（明治図書）
松藤　司3『向山型算数教え方教室 2001 年 2 月号』P.70（明治図書）
立石佳史4『向山型算数教え方教室 2006 年 7 月号』P.72（明治図書）
横崎剛志5『向山型算数教え方教室 2005 年 5 月号』P.72（明治図書）

★問題が5問あります。1問だけ選んで解きましょう。
と

1 1～9の数字が書かれたカードが1まいずつあります。カード
を混ぜ，2まい，3まい，4まいの組に分け，太郎，次郎，三郎
ま   たろう じろう さぶろう
の3人が1組ずつ取りました。次の会話から，三郎が持っている
カードを求めましょう。

太郎：ぼくは5を持っているよ。
次郎：まい数は，ぼくが一番多い。
その中で一番大きい数字は6だよ。
三郎：持っているカードの数字の合計は，みんな同じだね。

答え（   ）

2 おもりが4つあります。AとBの重さの和は8kg，BとCの重
さの和は12kg，AとCの重さの和は10kg，A，B，C，D，全
部の重さの合計は25kgです。それぞれのおもりの重さは何kgです
か。ただし，おもりの重さの関係はA＜B＜C＜Dとします。

答え A（   ）kg B（   ）kg
C（   ）kg D（   ）kg

名前（　　　　　　　　　　　　　　）

3　たけし君のお姉さんに年れいをたずねたところ，お姉さんは次のように答えました。
「私は，3でわると，2あまる。
　　　　5でわると，4あまる。
　　　　7でわると，1あまる年れいよ。」
では，お姉さんは何才でしょうか。

答え（　　　　　　）才

4　33人学級で社会が好きな人が19人，理科が好きな人が16人います。どちらもきらいな人が7人いました。このとき，社会だけ好きな人と，理科だけ好きな人を合わせると，何人になるでしょうか。

答え（　　　　　　）人

5　ある規則にしたがって記号がならんでいます。45番目までに☆は何回出てくるでしょうか。

○◇☆○△☆△○◇☆○△☆△○◇☆・・・

答え（　　　　　　）回

1 **答え　7と8**

まず，3つの条件を満たすと次のようになる。

太郎……⑤　　　……15　　　　1～9を足すと45，3人のカードの
次郎……⑥□□□……15　　　　数の合計が同じなので，45÷3＝15
三郎……　　　　……15　　　　で，一人一人の合計は15となる。

①次郎は，カード合計が15かつカード4枚になる。そのためには，6，4，3，2か6，5，3，1にしなければならない。5は太郎が持っているので，次郎のカードは6，4，3，2となる。

②太郎は，5を持っているので，残り10となる。カードの最高は9なので，10を2枚のカードで分けることになる。3，2のカードはもう使えない。よって，1を使うともう1つは9になるので，太郎は5，1，9。

③よって，三郎は残りの，7と8になる。

2 **答え　A＝3kg　B＝5kg　C＝7kg　D＝10kg**

条件を式にすると，A＋B＝8，B＋C＝12，A＋C＝10の3つの式ができる。この3つの式をすべて合わせると，8＋12＋10＝30となる。

これは，Aが2つ分，Bが2つ分，Cが2つ分ある。したがって，30÷2＝15となる。A＋B＋Cは15kgあることになる。

よって，

A＋B＝8なので	A＋B＋C＝15なので	B＋C＝12なので	A＋C＝10なので
A＋B＋C＝15	A＋B＋C＋D＝25	A＋B＋C＝15	A＋B＋C＝15
C＋8＝15	15＋D＝25	A＋12＝15	B＋10＝15
C＝15−8	D＝25−15	A＝15−12	B＝15−10
C＝7	D＝10	A＝3	B＝5

出題＝榎本寛之・野﨑　隆・福澤真太郎・久田浩嗣・東條正興

選＝大邉祐介（編集チーム）

3 答え　29才

大きい数で割る方が、探す手間が効率的である。

まず，7で割って1あまる数を探す。

おおよそ，8，15，22，29，36，43，50・・・となる。

この中で，5で割って4あまるのは，29である。

最後に，29を3で割るとあまりは2である。よって，29歳となる。

4 答え　17人

右図のように考える。

社会も理科もきらいな人数…7人

社会や理科が好きな人数

　　33－7＝26

理科が好きな人数

　　26－19＝7

社会も理科も好きな人数

　　16－7＝9

社会が好きな人数　19－9＝10

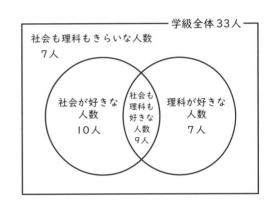

よって，社会だけが好きな人数と，理科だけが好きな人数の合計は，

7＋10＝17で17人

5 答え　13回

〇◇☆〇△☆△｜〇◇☆〇△☆△｜〇◇☆・・・

このように分けることができる。45÷7＝6あまり3となる。1つの組み合わせの中に☆は2あるので，2×6＝12となる。あまった3つの中に☆が1つあるので，12＋1＝13で，13回となる。

【引用文献】
榎本寛之[1]『向山型算数教え方教室 2008 年 6 月号』P.72（明治図書）
野﨑　隆[2]『向山型算数教え方教室 2003 年 9 月号』P.74（明治図書）
福澤真太郎[3]『向山型算数教え方教室 2004 年 11 月号』P.74（明治図書）
久田浩嗣[4]『向山型算数教え方教室 2007 年 4 月号』P.72（明治図書）
東條正興[5]『向山型算数教え方教室 2007 年 7 月号』P.72（明治図書）

★問題が5問あります。1問だけ選んで解きましょう。

1 ・を結んでできる正三角形は何個ありますか。

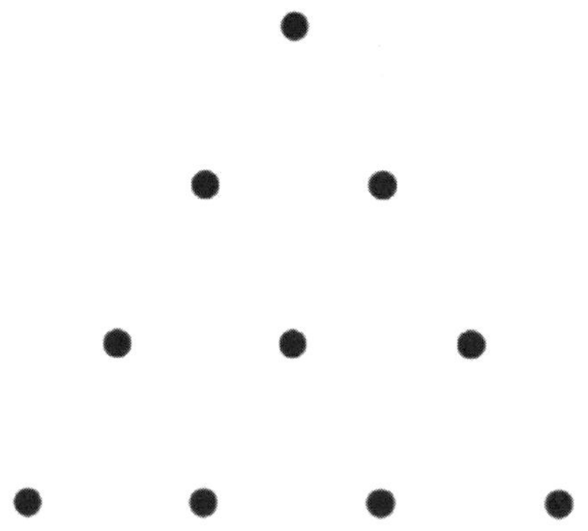

答え（　　　　　　）個

2 20人の子どもがならんでいます。
　先頭の子から，①，②，③，④……と番号をつけ，奇数の番号の子におかしをあげました。
　残った子に，また，1，2，3，4……と番号をつけ，今度は偶数の子におかしをあげました。
　おかしをもらっていない子は，何人いるでしょう。

答え（　　　　　　）人

3 下のように，数を●と○で表します。
8を，●と○で表しましょう。

1　●
2　●○
3　●●
4　●○○
5　●○●
6　●●○
7　●●●

答え（　　　　　　　　　　）

4 次のマスは，あるきまりにしたがって数を表しています。その
きまりにしたがって，10を表しましょう。

 1　 2　 3　 4

 5　 6　 7　 8

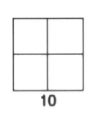
10

5 次のルールにしたがって計算しましょう。答えは何になります
か。

①好きな整数を1つ決めます。
②その数に2.5をかけます。
③その数に1.6をかけます。
④その数に0.25をかけます。

答え（　　　　　　　　　　）

☐1 答え　15個

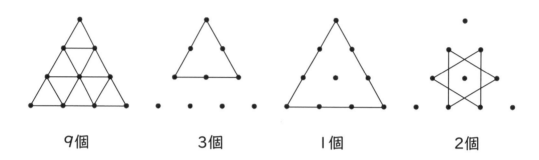

9個　　　　　3個　　　　　1個　　　　　2個

☐2 答え　5人

1から20までの番号を書いて考える。

まず，1から20までの番号の中から，お菓子をあげた奇数の番号を除く。すると，偶数の番号が残る。これに，新しく番号をつけると以下のようになる。

②，④，⑥，⑧，⑩，⑫，⑭，⑯，⑱，⑳
1　 2　 3　 4　 5　 6　 7　 8　 9　 10

最後に，新しくつけた番号の中から，2回目にお菓子をあげた偶数の番号を除く。

残った番号1，3，5，7，9がお菓子を持っていない番号になる。

よって，答えは5人となる。

出題＝木村重夫・清水彰彦・石原　卓・藤本大平・栗原龍太

選＝岩田史朗（編集チーム）

3 答え　●○○○○

10進数の数を2進数で表すと，下のようになる。

10進数	2進数
1	1
2	10
3	11
4	100
5	101
6	110
7	111
8	1000

1を●，0を○に変えると答えになる。

4 答え

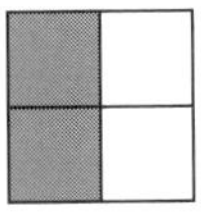

それぞれのマスは，以下の図のように4つの数を表している。よって，10は答えのようになる。

8	4
2	1

5 答え　①で決めた数

1.6は分数にすると $\frac{8}{5}$，2.5は分数にすると $\frac{5}{2}$，0.25は分数にすると $\frac{1}{4}$ となる。よって，すべてをかけると1となり，①で決めた数にもどる。

【引用文献】
木村重夫①『向山型算数教え方教 2011 年 4 月号』P.82（明治図書）
清水彰彦②『向山型算数教え方教室 2012 年 4 月号』P.82（明治図書）
石原　卓③『算数教科書教え方教室 2013 年 10 月号』P.82（明治図書）
藤本大平④『算数教科書教え方教室 2014 年 8 月号』P.82（明治図書）
栗原龍太⑤『算数教科書教え方教室 2014 年 9 月号』P.82（明治図書）

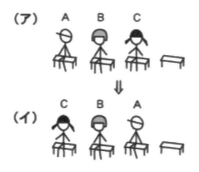

難問 No.24

【プログラミング的思考問題2】

★問題が5問あります。1問だけ選んで解きましょう。

1 あるきまりにしたがってカードがならんでいます。
102まい目のカードの数は何でしょう。

① ⑯ ① ⑯ ② ⑰ ② ⑰ ③ ⑱ ③ ⑱ …

答え（　　　　　　　）

2 3人の子どもたちが(ア)のように，いすにこしかけていました。
しかし，(イ)のようにこしかけ直すことにしました。
次のルールを守って移動します。
　　①1回の移動につき，1人が移動します。
　　②となりのいすが空いていれば，そこに移動できます。
　　③1きゃくおいて次のいすが空いていれば，そこに移動できます。
　　④同じいすに2人はこしかけられません。
　(イ)のようになるためには最低何回移動しますか。

(ア)　A　B　C

⇓

(イ)　C　B　A

答え（　　　　　）回

3 なぞの暗号が見つかりました。調査の結果，次の数を表していることがわかりました。

　　　★★◎　　　11
　　　■◎　　　　11
　　　■★◎　　　16

★，◎，■は，それぞれいくつを表しているでしょうか。

　　　　答え（★＝　　　　　◎＝　　　　　■＝　　　　　）

4 下の図のように，数がある規則でつながっています。
　?はいくつになるでしょう。

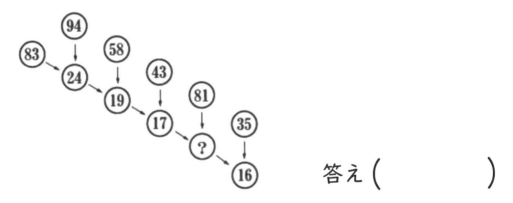

　　　　　　　　　　　　　　　　　　　答え（　　　　　　　　）

5 12Lの容器に水がいっぱい入っています。この水から1Lだけを取り出します。ほかに使う容器は，7Lと9Lの容器です。ただし，すべての容器に目もりはありません。
　何回水を移しかえたら1Lを取り出せるでしょう。
　一番少ない回数を答えましょう。

　　　　　　　　　　　　　　　　　答え（　　　　　　　）回

解答と解説
No.24

1　答え　41

カードのきまりは，次のようになっている。

４枚１組で規則的に変化する。

　　1組　①⑯①⑯　1＋15＝16

　　2組　②⑰②⑰　2＋15＝17

　　3組　③⑱③⑱　3＋15＝18

　　 ⋮　　　⋮　　　　⋮

102枚目のカードは…

　　102÷4＝25あまり2

25組の次，26組の2枚目になる。

　○組の1枚目の数○＋15＝2枚目の数

26組の１枚目の数26＋15＝41

2　答え　5回

はじめ	A	B	C		（ア）
1回目	A		C	B	
2回目	A	C		B	
3回目		C	A	B	
4回目	C		A	B	
5回目	C	B	A		（イ）

選＝松田圭史（編集チーム）

3 答え　★＝5　◎＝1　■＝10

(■◎＝11，■★◎＝16) →★＝5

★★◎＝11→55◎＝11→◎＝1

■◎＝11→■1＝11→■＝10

4 答え　17

例えば，最初の83と94から24が導かれる仕組みは，以下の通りである。

8　3，9　4

8＋3＋9＋4＝24

以降のつながりもすべてこの仕組みである。

よって，？に入る数字は，

1　7，8　1

1＋7＋8＋1＝17

5 答え　5回

	7L	9L	12L
1回目	0	9	3
2回目	7	2	3
3回目	0	2	10
4回目	2	0	10
5回目	2	9	1

【引用文献】
北村聖子1『向山型算数教え方教室 2002 年 6 月号』P.74（明治図書）
春山和順2『向山型算数教え方教室 2005 年 4 月号』P.72（明治図書）
奥山昭仁3『向山型算数教え方教室 2002 年 2 月号』P.74（明治図書）
石井研也4『向山型算数教え方教室 2004 年 12 月号』P.72（明治図書）
丸亀貴彦5『向山型算数教え方教室 2002 年 8 月号』P.74（明治図書）

難問 No.25

【データ活用力問題1】

★問題が5問あります。1問だけ選んで解きましょう。

1　次のA~Cは，あるきまりにしたがって，ならんでいます。
　　□にあてはまる数は，いくつですか。

A：1，1，2，3，5，8，□
B：1，3，4，7，11，18，□
C：1，1，2，4，7，13，□

答え（A　　　　B　　　　C　　　　）

2　5けたの大きな数があります。この数が「9」でわりきれるとき，□に入る数字は，何でしょう。

5□216

答え（　　　　　）

3　下の図のように，正方形のマスが横1列に6つならんでいます。この図の中に，長方形は何個あるでしょう。

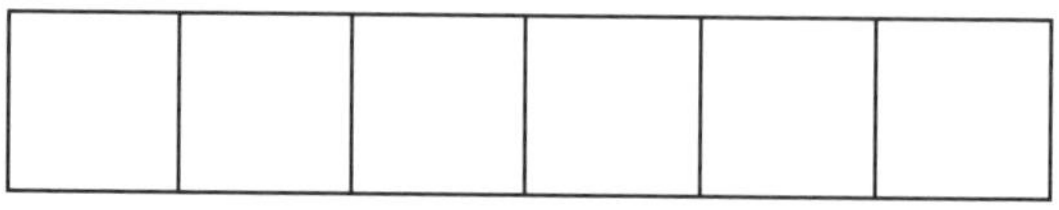

答え（　　　　　）個

110

4 下の9つのマスには，0〜8までの数字が1つずつ入ります。
たての和，横の和それぞれがすべて等しくなるように，完成させましょう。

ア	イ	ウ
エ	0	7
1	オ	カ

答え

ア	イ	ウ
エ	オ	カ

5 大きいだんボール1個と小さいだんボール3個を合わせた重さは，1kgです。大きいだんボールの重さは，小さいだんボール2個分より50g軽いそうです。大きい段ボール，小さいだんボールの重さは，それぞれ何gでしょう。

答え　大きいだんボール（　　　　　）g

小さいだんボール（　　　　　）g

1　答え　A 13　B 29　C 24

A：前の2つの数を加えると，次の数になる。

B：1，3から始まっているが，Aと同じ法則で，前の2つの数を加えると，次の数になる。

C：前の3つの数を加えると，次の数になる。

2　答え　4

下3けたを9で割ってみると，割り切れることがわかる。

したがって，残りの「5□」が9で割り切れればよい。

9の段の答えで，「5□」と2けたになるのは，

　9×6＝54

である。よって，答えは，4となる。

（54216÷9＝6024）

3　答え　15個

正方形を2個以上つなげると，長方形になる。

…5個

…4個

…3個

…2個

…1個

合わせて15個

4 答え　ア6　イ4　ウ2　エ5　オ8　カ3

　　縦が3つと横が3つあるので，全部足すと，各マスは2回ずつ足されることになる。

　　（0＋1＋2＋3＋4＋5＋6＋7＋8）×2＝72

　　したがって，どの縦・横も，和は，

　　　72÷6＝12

　　となる。

　　　よって，エ＝12－7＝5（横）　　ア＝12－（1＋5）＝6（縦）

　　　イとオは4か8になる。アが6なので，イが8だと12を超えてしまうことより，イが4，オが8となる。

　　このことより，ウ＝12－（6＋4）＝2（横）　　カ＝12－（1＋8）＝3（横）

5 答え　大きいだんボール　370g
　　　　　小さいだんボール　210g

　　　大きい段ボールを●，小さい段ボールを○として，重さの関係を表すと，以下のようになる。

　　　●○○○＝1000（g）

　　　●＝○○－50（g）

　　　大きい段ボール1個を，○○－50（g）と置き換えて計算すると，

　　　（○○－50）○○○＝1000（g）

　　　※○○○○○＝1050（g）

　　　○の1個分は1050÷5で求められるので，○＝210（g）

　　となり，小さい段ボールは，210gと求められる。

　　　●＝210＋210－50＝370（g）

　　　よって，大きい段ボールは，370gとなる。

【引用文献】
永井貴憲 1 『算数教科書教え方教室 2014 年 5 月号』P.82（明治図書）
雨宮　久 2 『向山型算数教え方教室 2004 年 3 月号』P.74（明治図書）
許　鐘萬 3 『算数教科書教え方教室 2014 年 12 月号』P.82（明治図書）
江口儀彦 4 『算数教科書教え方教室 2015 年 2 月号』P.82（明治図書）
村田耕一 5 『向山型算数教え方教室 2009 年 1 月号』P.72（明治図書）

難問 No.26

【データ活用力問題２】

★問題が5問あります。1問だけ選んで解きましょう。

1　次の４つの土地ア，イ，ウ，エがあります。広い順にならべましょう。

ア：0.0032㎢　　イ：320a

ウ：3200000㎡　　エ：32ha

答え（　　）→（　　）→（　　）→（　　）

2　下の図のように積み木が積まれています。10だんでは何個の積み木が必要ですか。

1だん

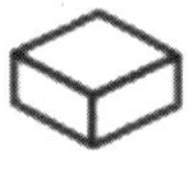

1個

2だん

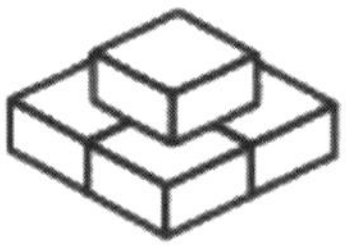

5個

3だん

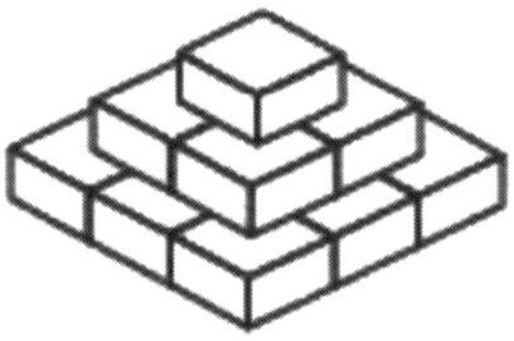

14個

答え（　　　　）個

名前 （　　　　　　　　　　　　　　　　）

3　兄が1人でそうじをすると30分かかります。弟が1人でそうじをすると45分かかります。2人いっしょにそうじをすると何分でそうじをすることができますか。

答え （　　　　　　　　）分

4　下図のように，マスに色をぬって数を表すことにしました。どのようなきまりで数を表しているでしょうか。かくれたきまりを見つけ出して，答えの図に11を表しましょう。

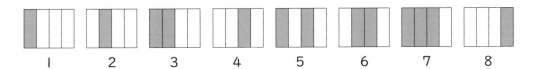

1　　　2　　　3　　　4　　　5　　　6　　　7　　　8

答え

5　1から順序よくならべた整数に，
　　1｜23｜456｜7｜89｜10 11 12｜13｜……
のように1個，2個，3個の順でくり返して区切りを入れていきます。すると5番目の区切りは9と10の間にきます。
　では，55番目の区切りはいくつといくつの間にくるでしょう。

答え （　　　　　　　）と（　　　　　　　）の間

1 答え　ウ→エ→イ→ア

ア，イ，エの単位を㎡に直して考える。

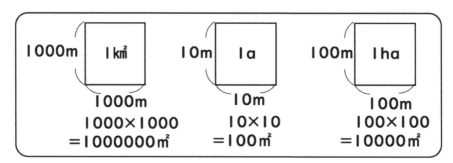

ア：0.0032×1000000＝3200　　　　3200㎡

イ：320×100＝32000　　　　32000㎡

ウ：そのまま　　　　3200000㎡

エ：32×10000＝320000　　　　320000㎡

広い順に，ウ→エ→イ→アとなる。

2 答え　385個

1〜3段の図を見ると，一番下の段が増えていることがわかる。
10段の図を上から1段ずつ見ていくと下の，表のようになる。

上から	1段目	2段目	3段目	4段目	…	10段目
図					…	同じように考えると↓
個数 (個)	1×1 =1	2×2 =4	3×3 =9	4×4 =16	…	10×10 =100

よって，10段のときの積み木の個数は，

　　1×1＋2×2＋3×3＋4×4＋・・・＋9×9＋10×10

＝1＋4＋9＋16＋25＋36＋49＋64＋81＋100

＝385

3　答え　18分

　兄は1分間に部屋の$\frac{1}{30}$を，弟は1分間に部屋の$\frac{1}{45}$を掃除できる。2人合わせると，

$$\frac{1}{30}+\frac{1}{45}=\frac{3}{90}+\frac{2}{90}=\frac{5}{90}=\frac{1}{18}$$

となる。つまり，1分間に部屋の$\frac{1}{18}$を掃除することができる。

　したがって，2人一緒にすれば18分で掃除することができる。

4　答え　下図の通り

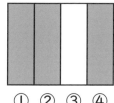
① ② ③ ④

　①は1，②は2，③は4，④は8を表している。

　　11＝8＋2＋1

　よって，④と②と①に色を塗ればよい。2進数の考え方を利用した問題である。

5　答え　109と110の間

　3つの区切りを1組とする。その中には

　　　1＋2＋3＝6

より，6個ずつの整数が入っている。55番目の区切りについて，

　　　55÷3＝18・・・1

なので，3つの区切りを1組としたものが18組目の終わりと19組目の最初の区切りが55番目の区切りであることがわかる。

　　　6×18＝108

　よって，19組目の最初の区切りは109の後だとわかる。

【引用文献】
今井将義１『算数教科書教え方教室 2015年3月号』P.82（明治図書）
石原　卓２『算数教科書教え方教室 2013年10月号』P.82（明治図書）
奥山昭仁３『向山型算数教え方教室 2002年2月号』P.74（明治図書）
村田　斎４『向山型算数教え方教室 2001年7月号』P.74（明治図書）
松下恵治５『向山型算数教え方教室 2009年3月号』P.72（明治図書）

★問題が5問あります。1問だけ選んで解きましょう。

1 　お店で，本1さつ，えん筆1本，消しゴム1個を買いました。
　　本は，消しゴムより500円高く，えん筆は消しゴムより100円高いねだんでした。全部合わせた代金は，825円でした。
　　それぞれのねだんを求めましょう。

答え　　本（　　　　　　）円
えん筆（　　　　　　）円
消しゴム（　　　　　　）円

2 　深さが10mのいどの底にカタツムリがいます。そのカタツムリが外へ出ようと登り始めました。
　　1日に3m登るのですが，ねている間に2m落ちてしまいます。
　　カタツムリが外へ出るのは何日目ですか。

答え（　　　　　　）日目

名前（　　　　　　　　　　　　　　）

3　A君が420円持って買い物へ出かけました。さい希（ふ）にはこう貨が6まい入っています。そこで180円分の買い物をしました。
おつりは何円もらいましたか。

答え（　　　　　）円

4　長いぼうが4本，その半分の長さのぼうが4本あります。これらを使って，同じ大きさの正方形を3つ作りなさい。
ただし，ぼうを切ったり，折り曲げたりしてはいけません。

5　昔のお話です。
A地点からB地点まで8kmあります。4人が，A地点からB地点まで移動（いどう）します。
「馬」に乗りたいのですが，馬は3頭しかいません。
4人が同じ道のりだけ馬に乗り，残りは歩いて移動します。
1人，何kmずつ馬に乗ることができますか。

答え（　　　　　）km

1 　答え　本575円　えん筆175円　消しゴム75円

最初に値段の高い分を引いてしまう。
本の高い分は500円だから，825－500＝325
鉛筆の高い分は100円だから，325－100＝225
これが消しゴム3個分の値段となる（下図参照）。
したがって，消しゴム1個分の値段は，
　225÷3＝75（円）
本は500円高いので，
　75＋500＝575（円）
鉛筆は100円高いので，
　75＋100＝175（円）

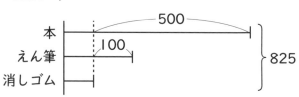

2 　答え　8日目

低学年でも使える問題だが，全学年で可能である。
1日に1mと考えると10日と出してしまう。
　しかし実際には，7日目に7mまで登ってしまえば，8日目には，残りの3mを登ることができる。
　したがって，8日目となる。

3 　答え　20円

硬貨で考えるとわかりやすい。
　持っているコインは6枚であることから，A君は100円玉を4枚と10円玉を2枚持っている。
　180円の買い物をするのだから，100円玉2枚を出すはずである。
　よって，200－180＝20（円）

選＝山戸　駿（編集チーム）

4 答え　下図の通り

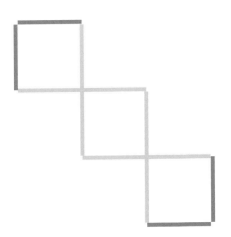

5 答え　6㎞

　図にまとめるのが，最もわかりやすい。例えば，以下のような図が考えられる。

　4人を①〜④とし，■■■■■■は馬に乗っていると考える。

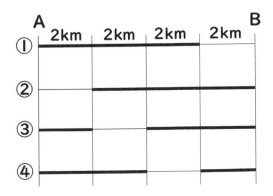

【引用文献】
松島博昭 1 『算数教科書教え方教室 2013 年 7 月号』P.82（明治図書）
八和田清秀 2 『向山型算数教え方教室 2011 年 8 月号』P.82（明治図書）
鈴木崇之 3 『向山型算数教え方教室 2011 年 5 月号』P.82（明治図書）
福地健太郎 4 『向山型算数教え方教室 2011 年 12 月号』P.82（明治図書）
堀田和秀 5 『向山型算数教え方教室 2011 年 12 月号』P.82（明治図書）

★問題が5問あります。1問だけ選んで解きましょう。

1　ある駅から市役所行きのバスは8分おき，公園行きのバスは15分おき，図書館行きのバスは12分おきに出発しています。
　午前9時30分にこの3本が同時に発車しました。次に3本のバスがいっしょに発車するのは，何時何分でしょう。

答え（　　　　　）時（　　　　　）分

2　1から100までの数で，6の数字は何回使われているでしょう。

答え（　　　　　）回

3　ツルとカメが合わせて50ぴきいます。
　足の合計が156本のとき，ツルは何びき，カメは何びきいますか。
　ツル1ぴきの足の数は2本，カメ1ぴきの足の数は4本とします。

答え　ツル（　　　　　）ひき　カメ（　　　　　）ひき

名前 （　　　　　　　　　　　　　　　）

4　クラスで先生にプレゼントをおくることになりました。
　　プレゼント代を１人あたり１００円ずつ集めると３６０円不足し，
１３０円ずつ集めると９０円あまります。
　　１人あたり何円集めるとちょうど足りますか。

答え（　　　　　　）円

5　A，B，C，Dの４人でカード取り遊びをしています。
　　カードは全部で１００まいです。これまでにAは２２まい，Bは１７
まい，Cは１１まい，Dは１２まいのカードを取っています。
　　Aが，確実に１人だけ１位になるためには，あと何まいのカード
を取ればよいでしょう。

答え（　　　　　　）まい

1 　**答え　午前11時30分**

　8と15と12の最小公倍数がわかれば，何分後に3本一緒になるかがわかる。

　8と15と12の最小公倍数は120になるので，120分後に一緒に発車となる。

2 　**答え　20回**

　6，16，26，…，66，…，96で10回。
　60，61，62，…，66，…，69で10回。
　66が重なるので，1回引いて，19回。
　しかし，66は6が2回使われているので，合計20回である。

3 　**答え　ツル22ひき　カメ28ひき**

　まずツルを50匹とすると，50×2＝100で，足は100本となり，条件の「足の合計が156本」より，56本少ない。

　その56本分をカメにすると，56÷2＝28で，カメは28匹。

　次に，カメを28匹にしたから，条件の「ツルとカメを合わせて50匹」を使い，50－28＝22で，カメは22匹。

　22×2＋28×4＝44＋112
　　　　　　　　＝156

　よって，足の数は156本となる。

4 答え 124円

まず，人数を考えるとよい。

先生にプレゼントを渡そうとしている人を◯人とする。

1人あたり100円集めたときの合計金額（360円足りない）と，130円集めたとき合計金額（90円あまる）との差は，360＋90＝450で450円。

これが，（130−100）×◯ と同じだから，

（130−100）×◯＝450

◯＝450÷30＝15

で，プレゼントを渡す計画を考えている人は，15人。

次に、プレゼント代は，

100×15＋360＝1860

（または，130×15−90＝1860）

これを人数で割ると，

1860÷15＝124

1人分は124円集めればよい。

5 答え 17枚

残っているカードは，

100−（22＋17＋11＋12）＝38

AとBの差が5枚で，仮にBが連続5枚取ったとすると残りのカードは，

38−5＝33

したがって，この半分よりも1枚でも多く取ると，Aが1位になる。

33÷2＝16.5 →17枚

【引用文献】
今井将義①『算数教科書教え方教室 2015年3月号』P.84（明治図書）
根本修成②『向山型算数教え方教室 2012年11月号』P.82（明治図書）
木﨑吉章③『向山型算数教え方教室 2013年1月号』P.82（明治図書）
花田伸一④『向山型算数教え方教室 2013年4月号』P.82（明治図書）
浦木秀徳⑤『算数教科書教え方教室 2014年7月号』P.83（明治図書）

小学5年「ちょいムズ問題」①

木村重夫

好きな問題を解きましょう。 （　）2問コース　（　）5問コース　（　）全問コース

【1】計算しましょう。

$(10-6.25) \times 0.6 = $ ☐

【6】下の長方形の面積が94.3㎠のとき、長方形の横の長さは何cmですか。

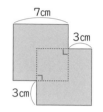

8.2cm

【2】図のように、正方形・円・直角二等辺三角形を組み合わせた形があります。アの長さは何cmですか。

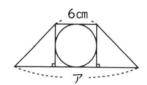

6cm

ア

【7】同じ大きさの正方形を2つ重ねた形です。色をぬった部分の面積を求めましょう。

7cm

3cm

3cm

【3】4けたの数の中で、一番小さい奇数はいくつですか。

【8】0から9までの10まいのカードがあります。この中から9まい選んでならべます。1億に一番近い整数はいくつですか。

| 0 | 1 | 2 | 3 | 4 | 5 | 6 | 7 | 8 | 9 |

【4】あの角の大きさは何度ですか。

あ

5cm

【9】3台の自動車A、B、Cが走ったきょりと、使ったガソリンの量を表にしました。ガソリン1Lあたりの走ったきょりが一番長いのはどれですか。

自動車	きょり (km)	ガソリン (L)
A	620	50
B	720	60
C	850	80

【5】図のようにおはじきを正三角形にならべていきます。1辺が5個のとき、外側のおはじきは何個ですか。

【10】さいころの向かい合った目の数の和は、7になっています。右のてん開図で6の目はどこですか。記号で答えましょう。

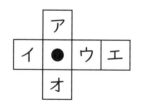

	ア	
イ	●	ウ	エ
	オ	

【解答】

【1】2.25	【6】94.3÷8.2=11.5　答え11.5cm
【2】6×3=18　18cm	【7】82㎠　7-3=4　7×7×2-4×4=82
【3】1001	【8】102345678
【4】60度　360÷6=60	【9】答えA　A 620÷50=12.4　B 720÷60=12 C 850÷80=10.625
【5】12個　5×3-3=12	【10】エ

小学5年「ちょいムズ問題」②

木村重夫

好きな問題を解きましょう。 （　　）2問コース　（　　）5問コース　（　　）全問コース

【1】計算しましょう。

$$(6 \times 7 - 3) \div 13 = \boxed{}$$

【6】計算しましょう。

$$12 - 4.8 + 3.2 = \boxed{}$$

【2】次の数を四捨五入して、上から3けたのがい数にしましょう。

672591

【7】時計の長い針が45分間に回る角の大きさは何度ですか。

【3】みきさん、しのぶさん、ともひろさんの3人は、折りづるをあわせて80羽折りました。しのぶさんはみきさんより4羽多く折り、ともひろさんはしのぶさんより6羽多く折りました。みきさんが折った折りづるは何羽ですか。

【8】ある年の1月のカレンダーです。次の月の2月20日は何曜日ですか。

日	月	火	水	木	金	土
					1	2	3
4	5	6	7	8	9	10
11	12	13	14	15	16	17
18	19	20	21	22	23	24
25	26	27	28	29	30	31

【4】正方形の中にぴったりと入る円をかきました。この正方形の周りの長さは何cmですか。

中心　20cm

【9】計算しましょう。

$$4 - 1\frac{7}{12}$$

【5】下のような積み木を全部使って、積み上げます。一番高く積んだときの高さは何cmですか。

 3cm 2cm 4cm
 5cm 3cm
 5cm 5cm 5cm
 4cm 3cm 7cm

【10】重なった形全体の面積は何cm²ですか。

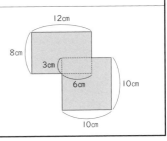

12cm 8cm 3cm 6cm 10cm 10cm

【解答】

【1】3	【6】10.4
【2】673000	【7】270度
【3】22羽	【8】金曜日
【4】160cm	【9】$2\frac{5}{12}$
【5】21cm　4+5+5+7=21	【10】178cm²

小学5年「ちょいムズ問題」③

木村重夫

好きな問題を解きましょう。　（　）5問コース　（　）10問コース　（　）全問コース

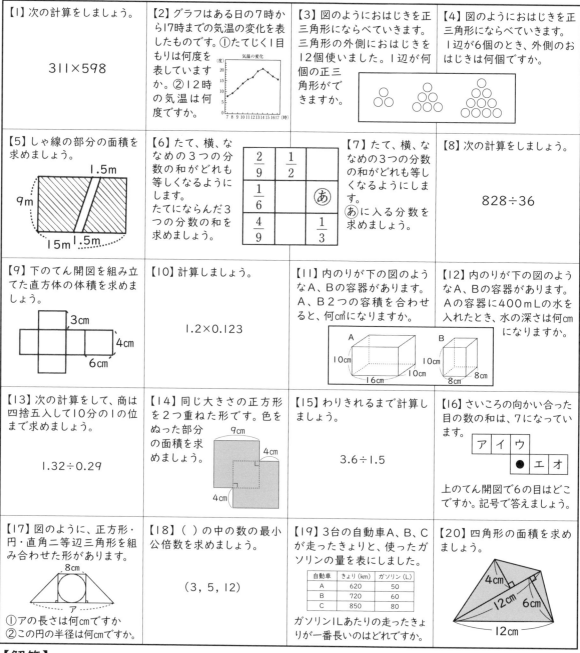

【解答】

【1】185978	【2】①1度　②17度	【3】5個	【4】15個
【5】121.5㎡	【6】$\frac{5}{6}$	【7】$\frac{7}{18}$	【8】23
【9】72㎤	【10】0.1476	【11】2240㎤ 16×10×10=1600 8×8×10=640 1600+640=2240	【12】2.5cm 400mL=400㎤ 16×10×□=400 □=400÷160=2.5
【13】4.6	【14】137㎠ 9×9×2−5×5=137	【15】2.4	【16】オ
【17】①24cm　②4cm	【18】60	【19】Ⓐ620÷50=12.4 B 720÷60=12 C 850÷80=10.625	【20】60㎠ 12×4÷2+12×6÷2

小学5年「ちょいムズ問題」④

木村重夫

好きな問題を解きましょう。　（　）5問コース　（　）10問コース　（　）全問コース

【1】下の長方形の面積が75.6cm²のとき、長方形の横の長さは何cmですか。 7.2cm	【2】計算しましょう。 $(10-8.65)×0.4$	【3】下の円グラフはある学校の子ども400人がどの町に住んでいるか、表したものです。山上町に住んでいる子どもは何人ですか。	【4】色をぬった部分の面積を求めましょう。 5cm　6cm　3cm 8cm
【5】平行四辺形アイウエのあの角度は何度ですか。 ア　エ　75°　105°　80°　あ　イ　ウ	【6】1から8までの数字を●と○を使って、あるきまりで表しました。 1●○○○○　2○●○○○ 3●●○○○　4○○●○○ 5●○○●○　6●●●○○ 7●○●○○　8○○○●○ 10を●と○で表しなさい。	【7】1から8までの数字を●と○を使って、あるきまりで表しました。 1●○○○○　2○●○○○ 3●●○○○　4○○●○○ 5●○○●○　6●●●○○ 7●●○○　8○○○●○ ○○○○●はどんな数字を表していますか。	【8】1を3個と、0.1を6個と、0.01を2個あわせた数はいくつですか。
【9】あるクラスで好きな教科のアンケート調査をしました。算数と答えた人数は、理科と答えた人数の何倍ですか。	【10】0から9までの10まいのカードがあります。この中から9まい選んでならべます。1億に一番近い整数はいくつですか。	【11】4けたの数の中で、一番小さい奇数はいくつですか。	【12】下の図の面積を求めましょう。 20cm　30cm　15cm
【13】□にあてはまる数を求めましょう。 ヘクタール 5ha=□m²	【14】さいころの向かい合った目の数の和は、7になっています。 アイウ ●エオ 上のてん開図で6の目はどこですか。記号で答えましょう。	【15】計算しましょう。 $1\frac{2}{5} - \frac{3}{4}$	【16】150、125、100の平均を求めましょう。
【17】$\frac{5}{8}$を小数で表しなさい。	【18】あの角の大きさは何度ですか。 あ　3cm	【19】□の中に＋、－、×、÷の記号のどれかを入れて、答えが50になるようにしましょう。 $8□6□4□2=50$	【20】5年1組の子どもの人数は32人です。あまりが出ないようにいくつかのはんに分けます。1つのはんの人数を5人より多く、10人より少なくなるように分けるとき、何人ずつに分ければよいですか。

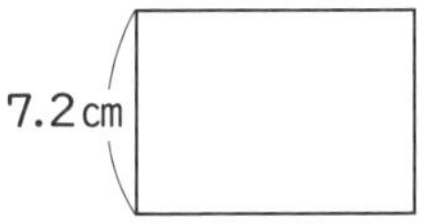

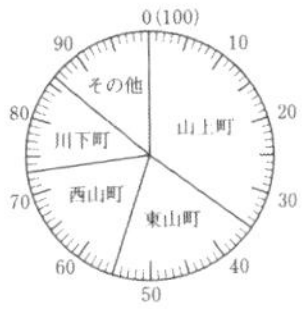

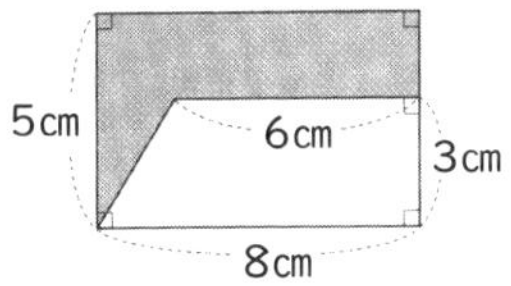

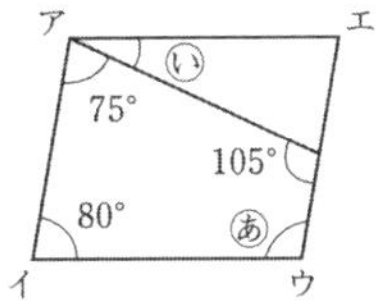

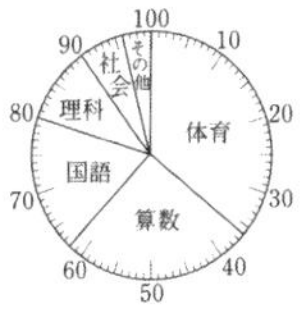

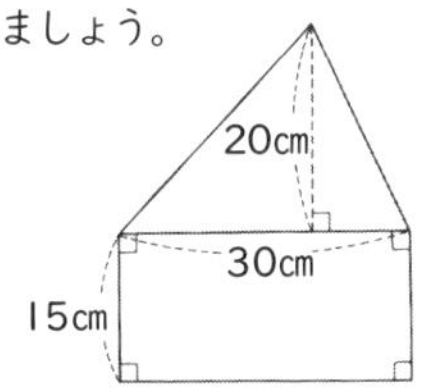

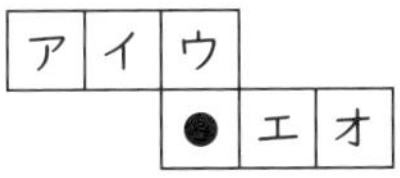

【解答】

【1】75.6÷7.2　10.5cm	【2】0.54	【3】140人　35％＝0.35倍 　　400×0.35＝140	【4】19cm²
【5】100度 　360－(75＋80＋105)	【6】○●○●○	【7】16	【8】3.62
【9】2.6倍 　26÷10＝2.6	【10】102345678	【11】1001	【12】750cm² 30×20÷2＝300　15×30 ＝450　300＋450＝750
【13】50000	【14】オ	【15】$\frac{13}{20}$	【16】(150＋125＋100)÷3 ＝125
【17】5÷8＝0.625	【18】60度 　360÷6＝60	【19】8×6＋4÷2または 　8×6＋4－2	【20】8人　32の約数で5より大きく10より小さい数

難問は子ども達を熱中させ，
教師と子ども達との心の距離を縮めてくれる

　難問を初めて実践したのは、高学年を担任した年だ。新学期が始まり、1週間ほどが過ぎた頃だった。出会ったばかりの子ども達と、緊張しながら毎日を過ごしていた頃だった。

　正直に言って、子ども達との関係はギクシャクしていた。こちらの緊張が、子ども達に伝わっていたのだろう。子ども達との心の距離をどうにかして縮めることができないだろうか、そればかりを考え、毎日を過ごしていた。

　そのきっかけは、突然やってきた。

　算数の時間が少し余ったので、向山洋一先生の本で読んだ「田」の中に四角形がいくつあるかという難問に挑戦させた。

　子ども達は、熱中した。まさに、熱中という状態がぴったりだった。子ども達の熱中は、授業終了のチャイムが鳴っても続いた。何人もの子ども達が、授業終了のチャイムが鳴っても、答えを出そうと考え続けていたのだ。

　次の授業が始まるチャイムが鳴り、職員室から教室に戻った。何人もの子ども達が、丸をもらおうと駆け寄ってきた。丸をつけると、

「やった！」

と飛び上がって喜んだ。その様子を見て、子ども達との心の距離が、少し縮まった気がした。

　そして、もっと難問に挑戦させたいと思った。

　数日後、また算数の時間が少し余った。そこで、準備しておいた難問プリントに挑戦させた。

　熱中度は、前回同様、すさまじかった。

「できそうでできないんだよね。」

「答えを教えようか？」

と挑発するたびに、子ども達から

「ダメ〜！」

「先生、待って！」

と声があがった。

　子ども達との一体感が、うれしかった。

　子ども達は、丸をつけてもらおうと、次々にプリントを持ってきた。そして、次々とバツをもらって席に戻っていった。でも、その表情は明るかった。

　何人も何人も挑戦した後、1人の男の子が「お願いします」とプリントを差し出した。正解だった。その子の顔を見ながら、にっこりと笑い言った。

「○○さん、一番！」

「え〜っ！」

「○○さん、すごい！」

教室中が、沸いた。

　○○さんは、にっこりと笑いながら席に戻った。

次に持ってきた女の子も、正解だった。丸のついたプリントを大事そうに胸に抱いて席へ戻る姿は、とてもかわいらしかった。

　授業後、子ども達が「また、難問のプリントをやりたい！」と口々に言いながら、教卓の周りに集まってきた。教卓を囲んで子ども達と話すことが、本当に楽しかった。

　難問が、子ども達との心の距離を縮めてくれたのだ。

　本誌には、数多くの難問が収録されている。サークルのメンバーと共に、過去の難問シリーズから、子ども達が熱中する問題を選りすぐり、掲載した。子ども達の学習進度に合わせてページを選び、教室でぜひ実践していただきたい。子ども達は、間違いなく熱中するはずである。難問に熱中した子ども達は、きっと算数が好きになるはずである。そして、難問を通して、先生方と子ども達との心の距離が、さらに縮まるはずである。

　今回の出版にあたり、多くの方々のお世話になりました。

　編集の機会を与えて下さった木村重夫先生からは、１つ１つのページ、１つ１つの動画に何度も何度もご指導をいただきました。木村先生のご指導をいただく度に、内容がグッとよくなりました。本当にありがとうございました。

　学芸みらい社の樋口雅子様からは、多大なご助言や励ましのお言葉を何度も何度もいただきました。樋口様のお言葉のおかげで、最後まで完成させることができました。本当にありがとうございました。

　そして、難問の授業システムを世に送り出し、難問シリーズの出版を認めて下さった向山洋一先生、本当にありがとうございました。

　本誌の出版に関わって下さったすべての皆さまに、心より御礼申し上げます。

　令和２年11月３日

岩田史朗

◎編著者紹介

木村重夫（きむら　しげお）
1983年　横浜国立大学卒業
埼玉県公立小学校教諭として34年間勤務
2018年〜現在　日本文化大学講師
TOSS埼玉代表、TOSS祭りばやしサークル代表
〈著書・編著〉
『成功する向山型算数の授業』『続・成功する向山型算数の授業』
『算数の教え方には法則がある』『教室熱中！難問1問選択システム』1〜6年（明治図書）
〈共同開発〉
『うつしまるくん』（光村教育図書）『向山型算数ノートスキル』（教育技術研究所）

岩田史朗（いわた　しろう）
1997年　新潟大学卒業
現在（2020年）石川県公立小学校教諭
TOSS金沢代表
〈著書〉
『"男女一緒に楽しめるハンドボール"新ドリル』（明治図書）
〈共著〉
『黄金の三日間　私のアクションプラン』『TOSSデーのドラマ　志ある仲間と道を拓く』
『目から鱗の漢字指導法』（明治図書）

山戸　駿	山越和彦	大邉祐介	盛岡祥平
石川県公立小学校	石川県公立中学校	石川県公立小学校	石川県公立小学校

柴山佳月	竹内浩平	稲井康之	松田圭史
滋賀県公立小学校	富山県公立中学校	石川県公立小学校	石川県公立中学校

教室熱中！めっちゃ楽しい
算数難問1問選択システム
5巻　上級レベル1＝小5相当編

GAKUGEI
MIRAISHA

2021年2月25日　初版発行
2022年5月10日　第2版発行
2024年5月30日　第3版発行

編著者　木村重夫
　　　　岩田史朗＋TOSS金沢
発行者　小島直人
発行所　株式会社学芸みらい社
　　　　〒162-0833　東京都新宿区箪笥町31番 箪笥町SKビル3F
　　　　電話番号 03-5227-1266
　　　　https://www.gakugeimirai.jp/
　　　　E-mail : info@gakugeimirai.jp
印刷所・製本所　藤原印刷株式会社
企　画　樋口雅子
校　閲　板倉弘幸
校　正　大場優子
本文組版・ブックデザイン　小沼孝至

落丁・乱丁本は弊社宛お送りください。送料弊社負担でお取り替えいたします。
©Shigeo Kimura, Shiro Iwata 2021 Printed in Japan
ISBN978-4-909783-56-1 C3037

教室熱中！めっちゃ楽しい

算数難問
1問選択システム

うーん、難しい。 出来そう！ 出来た！

動画のマスコット「ライオンくん」（作：山戸 麦）

● 木村重夫＝責任編集
☆B5版・136頁平均・本体2,300円（税別）

1巻	**初級レベル1＝小1相当編** 堂前直人＋TOSS/Lumiere		**4巻**	**中級レベル2＝小4相当編** 溝口佳成＋湖南教育サークル八方手裏剣

4巻 **中級レベル2＝小4相当編**
溝口佳成＋湖南教育サークル八方手裏剣

1巻 **初級レベル1＝小1相当編**
堂前直人＋TOSS/Lumiere

5巻 **上級レベル1＝小5相当編**
岩田史朗＋TOSS金沢

2巻 **初級レベル2＝小2相当編**
中田昭大＋TOSS流氷

6巻 **上級レベル2＝小6相当編**
林 健広＋TOSS下関教育サークル

3巻 **中級レベル1＝小3相当編**
松島博昭＋TOSS CHANCE

別巻 **数学難問＝中学・高校レベル相当編**
星野優子・村瀬 歩＋向山型数学研究会

デジタル時代に対応！ よくわかる動画で解説

　各ページに印刷されているQRコードからYouTubeの動画にすぐにアクセスできます。問題を解くポイントを音声で解説しながら、わかりやすい動画で解説します。授業される先生にとって「教え方の参考」になること請け合いです。教室で動画を映せば子どもたち向けのよくわかる解説になります。在宅学習でもきっと役立つことでしょう。

教科書よりちょっぴり難しい「ちょいムズ問題」

　すでに学習した内容から、教科書と同じまたはちょっぴり難しいレベルの問題をズラーッと集めました。教科書の総復習としても使えます。20問の中から5問コース・10問コース・全問コースなどと自分のペースで好きな問題を選んで解きます。1問1問は比較的簡単ですが、それがたくさん並んでいるから集中します。

子ども熱中の難問を満載！

　本シリーズは、子どもが熱中する難問を満載した「誰でもできる難問の授業システム事典」です。みなさんは子どもが熱中する難問の授業をされたことがありますか？　算数教科書だけで子ども熱中の授業を作ることは高度な腕を必要とします。しかし、選び抜かれた難問を与えて、システムとして授業すれば、誰でも子ども熱中を体感できます。

> これが「子どもが熱中する」ということなんだ！

　初めて体験する盛り上がりです。時間が来たので終わろうとしても「先生まだやりたい！」という子たち。正答を教えようとしたら「教えないで！　自分で解きたい！」と叫ぶ子たち。今まで経験したことがなかった「手応え」を感じることでしょう。

☀ 学芸みらい社の好評既刊

日本全国の書店や、アマゾン他のネット書店で注文・購入できます!

若手なのにプロ教師! 新指導要領をプラスオン
新・授業づくり&学級経営
365日サポートBOOK

学年別 全6巻

監修：谷和樹
（玉川大学教職大学院教授）

「子どもに尊敬される教師になろう!」

いかなる時代の教育にも必須のスキルに加え、新指導要領が示す新しい提案をプラスオンする本シリーズで、教室の365日が輝く学習の場になり、子どもの姿が頼もしく眩しい存在となるだろう。

── 向山洋一氏（日本教育技術学会会長／TOSS代表）、推薦！──

巻頭マンガをはじめカラーページも充実！

── 谷和樹氏「刊行の言葉」より ──

新採の先生が1年もたずに退職。ベテランでさえ安定したクラスを1年間継続するのが難しい時代。

指導力上達の道筋を「具体的なコツ」で辞典風に編集！
プロとしての資質・能力が身につく「教師のための教科書」。

【本書の内容】「グラビア①：まんがで読む！各学年担任のスクールライフ」「グラビア②：各学年のバイタルデータ＝身体・心・行動」「グラビア③：教室レイアウト・環境づくり」「グラビア④：1年間の生活習慣・学習習慣づくりの見通し」「1章：新指導要領の発想でつくる学期別年間計画」「2章：学級経営＝学期＆月別プラン・ドゥ・シー」「3章：若い教師＝得意分野で貢献する」「4章：実力年代教師＝得意分野で貢献する」「5章：新指導要領が明確にした発達障害児への対応」「6章：1年間の特別活動・学級レクリエーション」「7章：保護者会・配布資料　実物資料付き」「8章：対話でつくる教科別・月別・学期別　学習指導ポイント」「9章：参観授業＆特別支援の校内研修に使えるFAX教材・資料」「10章：通知表・要録に悩まないヒントと文例集」「11章：SOS！いじめ、不登校、保護者の苦情」「附章：プログラミング思考を鍛える＝「あの授業」をフローチャート化する」

パッと見れば、どのページもすぐ使える。
365日の授業、完全ナビ！

B5判並製
各巻208〜240ページ
定価：本体2800円＋税

授業の腕が上がる新法則シリーズ 全13巻

監修：谷 和樹（玉川大学教職大学院教授）

新指導要領対応！

新教科書による「新しい学び」時代、幕開け！
2020年度からの授業スタイルを「見える化」誌面で発信！

4大特徴
- 基礎単元＋新単元をカバー
- 授業アイデア＆スキル大集合
- 授業イメージ、一目で早わかり
- 新時代のデジタル認識力を鍛える

各巻A5判並製
※印はオールカラー

激動する社会の変化に対応する教育へのパラダイムシフト ── 谷 和樹

　PBIS（ポジティブな行動介入と支援）というシステムを取り入れているアメリカの学校では「本人の選択」という考え方が浸透しています。その時の子ども本人の心や体の状態によって、できることは違います。それを確認し、あくまでも本人にその時の行動を選ばせるという方法です。これと教科の指導とを同じに考えることはできないかも知れません。しかし、「本人の選択」を可能にする学習サービスが世界的に広がり、増え続けていることもまた事実です。

　また、写真、動画、Webページなど、全教科のあらゆる知識をデジタルメディアで読む機会の方が多くなっているのが今の社会です。そうした「デジタル読解力」について、今の学校のカリキュラムは十分に対応しているとは言えません。

　子どもたち「本人の選択」を保障する考え方、そして幅広い「デジタル読解力」を必須とする考え方を公教育の中で真剣に考える時代が到来しつつあります。

　本書ではこうしたニーズにできるだけ答えたいと思いました。

　本書の読者のみなさんの中から、そうした問題意識をもち、一緒に研究を進めていただける方がたくさん出てくださることを心から願っています。

☀ 学芸みらい社の好評既刊

日本全国の書店や、アマゾン他のネット書店で注文・購入できます！

『教室ツーウェイNEXT』バックナンバー

創刊記念1号

【特集】〈超有名授業30例〉
アクティブ・ラーニング先取り体験！
【ミニ特集】発達障がい児のアクティブ・ラーニング指導の準備ポイント

A5判 並製：172ページ
定価：1500円+税
ISBN-13：978-4908637117

創刊2号

【特集】やりぬく、集中、忍耐、対話、創造…
"非認知能力"で激変！子どもの学習態度50例！
【ミニ特集】
いじめ──世界で動き出した新対応

A5判 並製：172ページ
定価：1500円+税
ISBN-13：978-4908637254

3号

【特集】移行措置への鉄ペキ準備
新指導要領のキーワード100
【ミニ特集】
いじめディープラーニング

A5判 並製：172ページ
定価：1500円+税
ISBN-13：978-4908637308

4号

【特集】"合理的配慮"ある
年間プラン&レイアウト63例
【ミニ特集】アクティブ型学力の計測と新テスト開発の動向

A5判 並製：172ページ
定価：1500円+税
ISBN-13：978-4908637414

5号

【特集】"学習困難さ状態"
変化が起こる授業支援60
【ミニ特集】2学期の荒れ──
微細兆候を見逃さないチェック法

A5判 並製：168ページ
定価：1500円+税
ISBN-13：978-4908637537

6号

【特集】「道徳教科書」
活用考える道徳授業テーマ100
【ミニ特集】"小学英語"
移行措置=達人に聞く決め手！

A5判 並製：176ページ
定価：1500円+税
ISBN-13：978-4908637605

7号

【特集】教科書の完全攻略・
使い倒し授業の定石59！
意外と知らない教科書の仕掛けを一挙公開。
【ミニ特集】クラッシャー教師の危険

A5判 並製：180ページ
定価：1600円+税
ISBN-13：978-4908637704

8号

【特集】「主体的学び」に直結！
熱中教材・ほめ言葉100
新指導要領を教室で実現するヒント
【ミニ特集】教育改革の新しい動き

A5判 並製：172ページ
定価：1600円+税
ISBN-13：978-4908637872

9号

【特集】「通知表の評価言──
AL的表記への変換ヒント」
【ミニ特集】学校の働き方改革
──教師の仕事・業務チェック術

A5判 並製：156ページ
定価：1600円+税
ISBN-13：978-4908637995

10号

【特集】黄金の授業開き
おもしろ導入クイズ100選
【ミニ特集】プロに聞く
"校内研修テーマ"の最前線

A5判 並製：156ページ
定価：1600円+税
ISBN-13：978-4908637117

11号

【特集】2～3学期の超難単元
楽しくトライ！授業アイデア50
【ミニ特集】東京オリ・パラ
=子どもに語るエピソード10

A5判並製：164ページ
定価：1600円+税
ISBN-13：978-4909783158

12号

【特集】「教え方改革」
新年度計画　働き方連動プラン54
【ミニ特集】子供に入る
"学級開き決意表明"シナリオ例

A5判並製：168ページ
定価：1600円+税
ISBN-13：978-4909783264